수로부인과 김순정가

숙로복인과 김순정가

이 주희

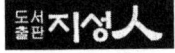

◀글 머리

水路夫人은 미인이었다. 바다의 신이 그녀를 탐하여 바닷속 용궁으로 납치해서 갔고, 소를 끌고 지나가는 老翁도 위험을 감수하며 아득한 절벽을 올라가 꽃을 꺾어 받쳤다. 그녀의 아름다운 자태에 대해 수많은 사람이 이야기를 했고, 그 기억들은 구전되다가 시간을 이기고 살아남았다.

단지 아름다운 미모만으로 그렇게 많은 사람 사이에 회자할 수는 없을 것이다. 신라 신분 사회에서 그녀는 고귀한 여자였다. 베일에 가려져 있던 그녀가 세상에 모습을 드러낸 것은 남편 金順貞(?~725)이 강릉 태수로 부임하면서부터이다. 왕경 경주에서 강릉에 이르는 먼 거리를 가면서 그녀는 현지인들에게 목격되었다.

그녀를 주인공으로 하여 창작된 獻花歌·海歌 두 노래는 더없이 귀한 자료이다. 여기에 대한 국문학계의 많은 연구 성과가 있었다. 연구자들은 이 짧은 두 노래에 대하여 과거 신라 사람들이 그녀에 관해 이야기한 만큼이나 많은 언급을 했다. 문학적으로 규명할 수 있는 모든 것을 다했다고 할 수 있다.

때문에 필자에게 기존연구를 넘어설 수 있는 방도가 보이지 않았다. 그래서 신라 聖德王代(在位702~737) 上宰相이었던 남편 김순정을 통해 그녀에게로 접근하는 우회로를 찾게 되었다.

『續日本記』에서는 김순정을 신라 최고의 권력자로 기록하고 있고, 그의 손자 金邕(惠恭王代 執政大臣)이 그의 지위를 이어받았다고 적고 있다.

김순정이 사망하자 신라에서 사신을 보내 일본에 알렸고, 일본 왕은 애도하며 막대한 賻儀를 내놓았다. 이렇듯 『삼국사기』가 아닌 일본

기록에 그의 사망 年月日까지 남게 된 데에는 여러 가지 요소가 작용한다. 우선 김순정이 신라조정에서 일본과 교역을 주도했다는 점이고, 다음으로 당시 일본에서 왕비를 대대로 배출했던 藤原氏(후지와라)가 실질적인 통치자였는데 그들이 김순정 家와 동류의식을 느꼈을 수도 있다는 점이다. 언급하겠지만 김순정의 딸과 손녀도 왕비였다. 마지막으로 그의 사망으로 인해 신라-일본 양국 간의 교역에 타격이 올 것을 우려한 것도 작용했다.

당시 일본은 신라에서 막대한 물품을 일방적으로 수입하고 있었다. 이에 대하여 일본 귀족들의 신라 물품 주문장인「買新羅物解」에 잘 나와 있다. 752년 일본조정은 신라사의 외래품을 원하는 고위 귀족들에게 물건의 품목, 수량, 가격 등을 기록하여 담당 관청에 제출하도록 했다. 주문품은 신라産 염료·생활용품·기물·문화용품·약재와 동남아·인도·아라비아·중국에서 생산된 향료·물감 등이다. 지급은 화폐격인 비단 소재(絲·綿·絹絁)로 하였다.

이 글은 수로부인과 그 가족들의 활동에 대해 다루고 있다. 역사학의 연구 성과가 그것을 가능하게 했다. 그 가운데 가장 큰 핵심은「성덕대왕신종명」에 보이는 "惠恭王의 元舅가 당시 최고의 권력자 金邕(김순정의 손자)이라는 것"을 세상에 드러낸 이호영의 연구와 "그 설을 더욱 발전시킨" 浜田耕策(濱田耕策 하마다 코사쿠)의 성과로써 이들의 연구가 없었다면 수로부인과 그 가족들에 관한 연구는 불가능했다. 두 연구자 덕분에 水路夫人과 金順貞家 연구의 문을 열 수 있었다.

이 글은 다음과 같이 구성되었다.

Ⅰ장에서「獻花歌」창작의 시·공간에 대해 다루었다. 출발점은 수로부인의 이름이 '水路'였다는 점이다. '水路'는 곧 남편이 부임지인 강릉으로 갈 때 선박을 이용했던 것을 암시하는 명칭이 아닌가. 바다 건너 일본과의 교역을 주도한 그녀의 남편 김순정은 선박을 보유하고 있었을 가능성이 있다. 이렇게 볼 때 창작의 공간을 바라보는 시점이

기존과 크게 달라진다.

Ⅱ장에서 수로부인의 신분에 대해 구체적으로 생각해 보았다. 그녀의 딸은 경덕왕의 前妻였다. 신라 왕족에 대한 기존(骨品制)연구를 습득하여 왕실의 통혼권이 어떠한 형태를 가지고 있고, 그 안에 들어갈 수 있는 집안은 어떠한 고위 신분인지 살펴보았다. 최고위 신분 내부에서도 상·하의 위치는 존재하기 때문이다.

Ⅲ장에서 수로부인의 가족 관계에 대해 복원해 보았다. 언급한 바와 같이 역사학계의 기존 성과가 디딤돌이 되었다.

Ⅳ장에서 수로부인의 딸 三毛夫人의 이혼과 佛事에 대해 살펴보았다. 삼모부인이 이혼 후 沙梁宮夫人 책봉이 가지는 의미가 무엇인지 검토해보고, 佛事에 그녀가 시주한 규모를 통해 삼모부인의 집안의 경제력을 가늠해 보았다.

Ⅴ장에서 金順貞家의 대일 교역에 대해서 고찰해 보았다. 당시 일본의 실질적인 통치자였던 藤原不比等(후지와라노 후히토)과 김순정의 관계는 돈독했다. 그런데 둘의 죽음(720년·725년) 이후 양국 관계의 변화와 국제관계의 변화가 대일 교역에 어떠한 방식으로 영향을 미쳤는지 생각해 보았다.

마지막으로 보론에서 신라 사신 餞別詩를 재음미해 보았다. 김순정 사망 직후였다. 일본 왕실 宗親들을 대표하던 長屋王(나가야왕)이 신라 사절을 자신의 저택에 초대했고, 참석자들이 시를 지어 낭송했다. 藤原房前(후지와라노 후사사키)도 여기에 참석했다. 본인은 長屋王과 藤原房前 둘의 시 속에서 신라 관련 정보를 최대한 얻어내려고 했고, 일본조정 내부에서 두 인물의 경쟁 관계도 다루었다.

수로부인에 관한 연구의 우회로를 찾다가 너무나 많은 곳을 들리게 되었고, 아직도 그곳에서 머물고 있다는 생각을 감출 수 없다. 그녀와 관계된 인물과 사람을 다루는 이 작업은 너무나 먼 길을 돌아가는 것이어서 그 과정에서 길을 잃었다는 느낌이 들 때도 있었다.

하지만 결코 무의미한 연구라고는 생각하지 않는다. 필자는 기존

연구와 『三國遺事』「水路夫人」조 기록을 근거로 삼아 수로부인과 김순정이 이룬 가족을 그려냈는데, 그녀가 인생을 살면서 때로는 함께 보고 느끼고, 때로는 멀리서 소식으로 들었을 수도 있는 남편·자식·손자들에 관한 이야기를 수면 위로 올려놓고자 했다. 후학들 연구에 작은 디딤돌이 되기를 바란다.

◀ 목 차 ▶

• 글 머리 5

Ⅰ장. <獻花歌> 창작의 시·공간 ··· 11

   1. <獻花歌>·<海歌>의 창작 시기 ································· 17
   2. 水路夫人의 '旅路' 北海通과 <獻花歌> 창작의 공간 ········ 20
   3. '水路'의 의미와 <獻花歌> 가사 ································ 27
   4. 소결 ··· 33

Ⅱ장. 水路夫人의 신분 ··· 35

   1. 명주 오대산 眞如院과 강릉 태수 金順貞 ····················· 40
   2. '명주·강릉'지역과 武列王家 ····································· 46
   3. 무열왕의 후손 水路夫人 ·· 56
   4. 소결 ··· 61

Ⅲ장. 水路夫人의 가족 ··· 65

   1. 金順貞 가문에 대한 기존견해 ·································· 68
   2. 金順貞의 '其孫' 金邕 ·· 72
   3. 金順貞의 자녀 金義忠과 三毛夫人 ···························· 76
     1) 金義忠의 외교활동 ·· 76
     2) 三毛夫人의 出宮과 大佛事 ·································· 80
   4. 소결 ··· 86

Ⅳ장. 女息 三毛夫人과 景德王 ······································· 89

   1. 국왕의 '夫人' 책봉의 의미 ······································ 94
   2. 沙梁夫人과 沙梁部·沙梁宅·沙梁宮 ·························· 97

1) 沙梁部 ··· 97
      2) 沙梁宅 ··· 98
      3) 沙梁宮 ··· 100
   3. 景德王의 佛事와 三毛夫人의 시주 ··· 102
   4. 소결 ··· 109

Ⅴ장. 金順貞家의 對日 交易과 藤原氏 ··· 111

   1. 신라 執政大臣 金順貞과 일본의 藤原不比等 ······················· 114
   2. 당과 발해의 대결과 羅日關係 파행 ··· 120
   3. 金順貞의 손자 金邕의 羅日關係 회복 시도 ····························· 112
   4. 소결 ··· 134

● 글 맺음 ··· 138

● 보론 : 신라 사신 餞別詩에 보이는 일본 朝政 ································ 143

   1. 신라 사신과 詩 창작의 시·공간 ··· 147
   2. 長屋王의 「於寶宅宴新羅客」 1首와 그의 官歷 ······················· 156
   3. 藤原房前의 「秋日於長屋王宅宴新羅客」 1首와 長屋王 ········· 161
   4. 소결 ··· 172

【參考文獻】 ·· 176

I장.

<獻花歌> 창작의 시·공간

통일신라 성덕왕 대에 신라 왕경을 출발한 水路婦人은 남편의 부임지인 강릉으로 향하는 과정에서 노인의 헌화를 받기도 했고, 해룡에게 납치되기도 했다. 일연의 표현대로 그녀의 '姿容絶代'가 그 이유였다.[1]

그동안 수로부인에 관한 많은 연구가 있었다. 그런데, 지금까지는 대부분 통일신라기 전체를 고려하여 수로부인 설화를 연구했다. 그래서 그 시간의 폭 만큼 문학적 해석의 여지는 열려있었고, 상징·은유적 해석을 담은 다양한 연구논문들의 생산력도 여기에 비례했다.

그리하여 수로부인을 巫女로 보기도 하였으며,[2] 기우제를 주관하는 司祭로 이해하기도 했다.[3] 수로부인의 이름을 '水路' 즉 물꼬를 튼다고 해석하여, 그의 제의가 구체적으로 기우제였을 것이라는 주장도 있었다.[4]

노옹에 대해서는 성스럽고 신비스러운 도교의 신선으로 보는 설이 있었고,[5] 노인의 가면을 쓴 무당으로 보는 견해도 있으며,[6] 禪僧으로 보기도 했다.[7] 한편, 노인이 노래 두 수를 지었고, 그 노인은 관음의 변신이었다고 주장하기도 했다.[8]

또한 <獻花歌>에 대한 상징적 은유적 해석이 '모호하다'라는 반성 하에 작품 자체의 일차적 의미탐색을 중시하자는 시각으로부터 <헌화가>를 순수한 구애의 노래로 보고자 하는 방향으로 논의가 모이기도 했다. 그리하여 견우노옹과 수로부인을 현실 속의 평범한 노인과 여인

---

[1] 수로부인 이야기는 ①헌화가 배경설화 ②해가 배경설화 ③수로부인이 신물에게 자주 납치되었다는 일연의 해설 등 3부분으로 나누어진다.
[2] 허영순,『古代社會의 巫覡思想과 歌謠의 硏究』부산대 석사논문 1963.
  안영희,「고대인들에게 반영된 꽃의 의미」,『아세아여성연구』11, 숙명여대 아시아여성연구소 1972.
[3] 여기현,『수로부인 이야기의 제의적 구조』한양대 석사논문 1985.
[4] 윤경수,『향가 여요의 현장성 연구』집문당, 1993.
[5] 김선기,「곶받틴 노래(獻花歌)」,『現代文學』153, 1967, 307쪽.
[6] 조동일,『文學硏究의 方法』지식산업사, 1980, 125쪽.
[7] 김종우,『鄕歌文學硏究』삼문사, 1976, 30~31쪽.
  김광순,「獻花歌說話에 관한 一考察」『韓國詩歌硏究-서수생환갑기념』형설출판사 1981, 20쪽.
[8] 김운학,『鄕歌에 나타난 佛敎思想』동국대학교 불전간행위원회, 1982, 31쪽, 81쪽.

관계로 보고, 노인이 위험을 감수하고 젊은 미모의 여인에게 절벽에서 꽃을 꺾어 바치며 부른 노래로도 보았다.9)

한편 수로부인 이야기를 정치적 시각으로 본 연구도 있었다. 왕명을 받고 부임하는 귀족 신분의 부인을 납치한 해룡을 반중앙적 지방세력의 한 상징으로 해석하기도 했고,10) 동해안에 출몰한 왜 해적으로 추정하기도 했다.11)

이러한 해석과 추정은 향후 수로부인과 관련된 연구에 적지 않은 영향을 주었다. <海歌>에서 보이는 수로부인:해룡:노인의 관계를, 중앙정부:중앙정부 대항세력:민중세력으로 보기도 했다.12) 나아가 <헌화가>에 보이는 수로부인과 노옹의 관계를 탐미적 관점을 출발점으로 삼아 전개된, 지배 대 피지배의 질곡을 넘어서고자 하는 민중의 염원으로 해석하기도 했다.13)

신문왕 대에 완성한 9주 5소경은 원래 의도와 달리 지방의 호족을 통제하기에 유명무실한 것이었고, 그 아들 성덕왕 대에 지방의 호족세력은 상당한 힘을 가지고 존치했다고 본 견해도 있었다.14)

그런데 수로부인 설화의 기록대로 창작의 시점을 성덕왕 대로 한정했을 때 이야기는 달라진다. 성덕왕 대는 어느 시기보다 왕권은 안정이 되어있었다. 자연재해가 있었다고 하지만 국가가 적극적인 대응능력이 있었고,15) 그만큼 지방지배도 확고했다.

---

9) 윤영옥,『新羅詩歌의 硏究』형설출판사, 1982.; 박노준,『新羅歌謠의 硏究』열화당, 1982.; 노옹을 범상한 인물로 보는 견해들도 있었다. 소를 매러 가던 그곳 지형에 밝은 사람(서재극,「獻花歌研究」,『이재수박사 환력기념 논문집』형설출판사 1972, 258쪽)이라고 하거나, 그저 '늙은 노인'이라고도 했다 (김동욱,「新羅鄕歌의 佛教文學的 考察」,『국문학논문집』민중서관, 1977, 50쪽).
10) 이우성,「삼국유사 소재 처용설화의 일고찰」,『김재원박사회갑기념논총』1969.
11) 이용범,「처용설화의 일고찰」,『진단학보』32, 1969.
12) 신영명,「헌화가의 민본주의적 성격」,『어문논집』37, 1998, 68~79쪽.
13) 진경환, 우응순 외『고전문학 이야기 주머니』녹두 1994, 48쪽.
  신영명, 앞의 논문, 76~79쪽.
14) 김은수,「수로부인 설화와 헌화가」,『古詩歌研究』17, 2006, 57~67쪽.
15) 『삼국사기』권8, 성덕왕 6년(707) 조, "봄 정월에 많은 백성이 굶어 죽었으므로 한 사람에게 하루 벼 3되씩을 7월까지 나누어 주었다. 2월에 크게 사면하고 백성들

반중앙적 지방세력이나 중앙정부 대항세력이 존재했을 가능성은 높지 않다. 더구나 호족의 등장은 9세기 중후반 혼란기에 가서이다.

『삼국사기』권8, 성덕왕 30년 조를 보면 동왕 대에 일본의 침입과 신라의 대응 기록이 보인다.16) 하지만 731년 김순정이 사망한 지(725년 6월 30일) 6년이 흐른 후였고,17) 같은 시기의『속일본기』기록에서 일본의 대신라 침공 기록은 보이지 않는다. 무엇보다 김순정은 성덕왕 대에 빈번했던 일본과의 외교와 교역을 주도했던 인물이다.18)

그렇다고 통일신라기 전체를 고려한 기존의 연구 방법들이 완전히 잘못되었다고도 할 수 없다. 성덕왕 대를 대표하던 수로부인과 남편 김순정은 사람들의 기억 속에 오랫동안 살아남았고, 고려 초기까지 구전을 거쳤던 것으로 보인다. <헌화가>에서 흥미적인 요소와 <해가>에서 주술적인 모습이 보이듯 그것이 채록되어 기록되기까지 민중의 취향에 맞게 이야기가 변형 굴절되었던 것도 사실이다.19)

그래도 어디까지가 사실이고 어디서부터 변형과 굴절이 있었는지를 알아내기 위해서는 설화 생성의 시발점이 된 성덕왕 대 강릉 부임지로의 여행 시공간에 대한 검토가 필요하다. 水路夫人 이야기의 시점은 신라 성덕왕 대이며, 무대는 왕경에서 강릉 사이의 旅路이다.

모든 판단 해석은 그 시기에 맞춰 이루어져야 한다. 먼저 시간을

에게 오곡 종자를 차등 있게 나누어주었다."
16) 『삼국사기』권8, 성덕왕 30년(731) 4월 조, "일본국 병선 300척이 바다를 건너 우리의 동쪽변경을 습격하므로 왕이 장수를 시켜 군사를 내어 이를 크게 깨뜨렸다."
17) 『속일본기』권9, 神龜 3년(726) 秋7月 戊子, "金奏勳等歸國. 賜璽書曰. 勅. 伊飡金順貞. 汝卿安撫彼境. 忠事我朝. 貢調使薩飡 金奏勳等奏稱. 順貞以去年六月卅日卒. 哀哉. 賢臣守國. 爲朕股肱. 今也則亡. 殲我吉士. 故贈賻物黃絁一百疋. 綿百屯. 不遺尔績. 式獎遊魂"
18) 『속일본기』권33, 寶龜 5년(774)3월 癸卯, "對曰. 本國上宰金順貞之時. 舟楫相尋. 常脩職貢. 今其孫邕. 繼位執政. 追尋家聲. 係心供奉…."
19) 김학성, 「삼국유사 소재 설화의 형성 및 변이과정 시고」, 『관악어문학연구』2, 서울대 국문과, 1977.
이영태, 「수록경위를 중심으로 한 수로부인 조와 헌화가의 이해」, 『국어국문학』126, 2000, 202쪽.

좁혀 보자. 이렇게 하면 두 가지 효과가 있다. 그 시기에 일어난 사건이라는 점 때문에 자료에 대한 해석의 여지가 그만큼 축소되고 사실성을 갖추게 된다. 또한 명확한 시기 설정은 사료 활용성을 더욱 높여준다. 즉 시간의 범위 축소 그 자체가 일차적 사실에 더욱 가까이 다가서게 하는 유용한 지침이 될 것이다.

다음으로 <헌화가>와 <해가>의 창작의 공간으로 수로부인이 경주에서 강릉으로 향했던 여로에 대한 고찰이 필요하다. 당시 수로부인이 여행했던 동해와 그 해안 지형은 지금도 그대로 남아있다. 현지 자연환경에 대한 재검토는 설화창작의 공간을 규명하는 단초가 될 수 있다. 마지막으로 <헌화가>와 <해가>의 창작 배경이 왜 모두 바다를 매개로 하고 있는지 생각해 볼 필요가 있다. 수로부인의 이름 '水路' 이에 대한 중요한 단서가 있다고 생각된다. 아울러 <헌화가> 가사도 재음미하고자 한다.

1. <獻花歌>·<海歌>의 창작 시기

725년 6월 30일 신라국 왕경에서 어느 남자가 세상을 떴다. 그해 정월에 흰 무지개가 떴고, 3월에 눈이 4월에 우박이 내린 뒤였다.[20] 金順貞(純貞公)[21], 수로부인의 남편인 그의 죽음은 이듬해 일본에도 알려졌다.

『속일본기』는 그가 일본과의 관계를 주도했던 신라의 집정재상이었다고 기록하고 있다.[22] 725년(성덕왕 24) 세상을 뜨기 전에 김순정은 신라 2관등인 '伊湌'이었다.[23] 이는 그가 江陵 태수로 부임해간 시기를 추측할 수 있는 하나의 단서가 된다. 『삼국사기』권40, 직관 하 外官 조를 보면 '태수'에 관한 다음과 같은 관등 규정이 있다.

"郡太守는 115명이었다. 관등이 舍知(13관등)에서 重阿湌(6관등)인 자로 임명한다."

위의 기록과 관련하여 『삼국사기』기록을 바탕으로 신라의 17관등 위계를 간단히 소개하면 다음과 같다.

태수는 군수이며 이는 12관위에서 6관위까지 할 수 있는 자리이다. 중아찬은 6위 아찬과 위계는 같다(阿湌=重阿湌).[24]

---
20) 『삼국사기』권8, 성덕왕 24년(725) 조.
21) 양자는 동일 인물로 보인다. 李惠和, 『龍思想의 한국문학적 수용양상』 고려대 박사논문 1988, 89쪽.
   김은수, 「水路夫人說話와 獻花歌」, 『古詩歌硏究』 17, 2006, 50쪽 참조.
22) 『속일본기』권33, 寶龜 5년(774)3월 癸卯 조.
   鈴木靖民, 「金順貞·金邕論—新羅政治史의 一考察」, 『朝鮮學報』 45, 1967, 奈良, 21~38쪽 참조.
23) 『삼국사기』권9, 경덕왕 원년 조, "景德王立. 諱憲英, 孝成王同母弟. 孝成無子, 立憲英爲太子, 故得嗣位. 妃伊湌順貞之女也."
   『속일본기』권9, 神龜 3년(726) 秋7월 戊子 조, "金奏動等歸國. 賜璽書曰. 勅.伊湌金順貞.汝卿安撫彼境.忠事我朝.貢調使薩湌…."
24) 다만 重阿湌이라 명기하고 있는 것은 진골귀족 아래의 신분인 6두품을 염두에 둔 것이다. 최고위 신분인 진골귀족은 아찬으로 태수직에 임명될 수 있으나 6두

표1 <신라의 관직 17등급>

① 伊伐湌=角干
②* 伊尺湌=伊湌
③ 迊湌=蘇判
④ 波珍湌=海干
⑤ 大阿湌
⑥+ 阿湌=重阿湌
⑦ 一吉湌
⑧ 沙湌
⑨* 級伐湌=級湌
⑩ 大奈麻=重奈麻
⑪ 奈麻=奈末
⑫ 大舍(韓舍)
⑬+ 舍知(小舍)
⑭ 吉士(吉次)
⑮ 大烏(大烏知)
⑯ 小烏(烏知)
⑰ 造位(先沮知)

김순정이 강릉 태수로 부임해갈 때는 13위 사지에서 6위 아찬 사이

품은 중아찬이야 한다는 것이다. 6두품 귀족은 5위인 대아찬에 진급할 수 없었다. 때문에 아찬에 오른 6두품 귀족을 한 단계 진급시킬 때 중아찬으로 하는 중위제를 취했다. 신라의 관등제는 골품제와의 연관하에 운영되어 관등의 승진이 골품에 의하여 엄격히 제한되었다. 眞骨만이 승진에 제한이 없었고, 6두품은 제6관등인 阿湌까지, 5두품은 제10관등인 大奈麻까지, 4두품은 제12관등인 大舍까지로 승진이 제한되었다. 하지만 중대 이후 왕권이 강화되고, 6두품 중심의 관료제의 운영이 활성화되면서 이러한 골품제적인 제한은 6두품 이하 관료들의 관등 진급을 막았다. 이에 따라 진골 중심의 골품제를 유지하면서도 비진골 중심의 관료제를 활성화시키는 타협안으로서 중위제가 성립되어 아찬에 4등급, 대나마에 9등급, 나마에 7등급의 중위를 설치하여 관등상의 상한선에 오른 비진골 관료층에게 특진의 기회를 열어주었다. 한편 제8관등인 沙湌에도 최소한 3등급의 중위를 설치한 기록이 나타나 있는데, 이는 신라의 삼국통일 후에 지방민에 대해 특진의 기회를 제공하기 위한 것으로 추측된다.

의 관등을 가졌다고 할 수 있다.25) 그가 2위인 이찬까지 진급하는 데는 상당한 시간이 걸렸다고 할 수 있다. 정원이 115명인 태수 바로 위에 있는 외관직 도독의 관등 규정을 보자. 9주로 이루어진 신라의 지방 장관 도독은 9명이었다.

"都督은 9명이었다. … 관등이 級湌에서 伊湌까지인 자로 임용하였다."

도독은 9위 급찬에서 2위 이찬 사이로 임명되었다. 도독과 태수는 관등 규정으로 볼 때 9위 급찬에서 6위 아찬까지 겹친다.

하지만 정원이 9명인 도독과 115명인 태수 사이의 간격은 크다. 그만큼 태수가 도독의 위치에 오르기가 쉽지 않다는 것을 의미한다. 신라 9주의 각 지역의 주 장관인 도독의 위치는 중앙의 집사부 侍中과 맞먹는다. 金憲昌의 예에서 알 수 있듯이 중앙의 시중에 지방의 도독으로 발령받은 사례가 보인다.26) 통일기 후반에는 대부분 이찬의 관위를 가진 사람이 도독에 임명된 것으로 보인다.27)

지금까지 관위를 중심으로 살펴보았다. 이제 우리는 신라의 宰相의 존재에 대해 살펴볼 필요가 있다. 결론부터 말한다면 김순정은 아주 젊은 시기에 강릉 태수로 임명되었던 것으로 보인다. 725년 사망 당시 이찬으로 '上宰'의 자리에까지 오른 점을 고려하면 그렇다.28)

신라의 宰相에는 大宰相·上宰와 次宰相·二宰 그리고 第三宰相이라는 존재가 보인다. 이는 재상에 서열이 있었음을 의미한다.29) 上宰 아

---

25) 이 점에 대해서는 윤영옥이 언급한 바 있다. 윤영옥, 『新羅詩歌의 硏究』 형설출판사, 1982. 165쪽.
26) 『삼국사기』권10, 헌덕왕 8년 조.
27) 『삼국사기』권10, 헌덕왕 3년 조에 보이는 완산주도독 伊湌 雄元의 경우.
28) 『속일본기』권9, 神龜 3년(726) 秋7월 戊子 조.
   『속일본기』권33, 寶龜 5년(774) 3월 癸卯 조.
29) 木村誠,「新羅の宰相制度」,『人文學報』117, 東京都立大學 人文學部, 1977, 25~37쪽 참조.
   구효선,「6~8세기 신라 재상의 성격」,『韓國史學報』16, 2004, 50쪽.

래에 二宰가 있었고, 그 아래에 三宰가 있었다고 볼 수 있다. 上宰는 宰相 가운데서도 가장 높다. 上宰는 신라귀족회의 의장인 上大等이나 국왕 직속 집사부의 장관인 侍中보다 上位에 있는 최고 집정관의 호칭이었다.30)

주지하다시피 『삼국유사』는 김순정이 강릉 태수로 부임해가는 시기를 "성덕왕 대(702~737)"라고 명기하고 있다. 『삼국사기』와 『삼국유사』·『속일본기』 기록들을 종합해 볼 때 김순정은 성덕왕이 즉위한 702년에서 그가 사망한 725년까지 23년 사이에 태수에서 상재까지 진급한 것이다. 이 사이에 그는 태수에서 도독으로 진급했거나 중앙의 주요 상급직책을 역임했을 것으로 상정된다. 김순정의 최종 관등과 직책을 고려해볼 때 그의 진급은 상당히 빨랐음을 알 수 있으며, 태수는 그의 초임 관직이었을 가능성이 크다.

김순정은 성덕왕이 즉위한 702년 직후 봄날에 강릉 태수로 발령을 받았을 것이다. 왕경인 경주에서 출발하여 부임지인 강릉으로 향하는 그때의 여정이 바로 <헌화가>·<해가> 창작의 '시발점'이요 '시기'가 되었던 것으로 보인다.

2. 水路夫人의 '旅路' 北海通과 <獻花歌> 창작의 공간

수로부인 일행의 여정은 지금의 경주에서 시작되어 목적지인 강릉에서 끝이 났다. 현재 경주에서 강릉 사이의 여정은 버스로 5시간 걸린다고 한다.

과연 수로부인 일행은 '육로'를 통해서 강릉으로 향했을까? 물길로 갔을 여지는 전혀 없는가? 『삼국사기』제37권 雜志 제6 지리지4 「三國有名未詳地分」과 『삼국사기』제44권 열전 「異斯夫傳」, 『삼국유사』권1, 기이」, 「내물왕과 김(박)제상」 조 등을 통해 그들 일행이 '물길'로 갔을

---

30) 鈴木靖民, 『古代の朝鮮』 學生社, 1974, 185쪽.

가능성을 찾아보고자 한다.

신라시대에 경주에서 시작되어 강릉까지 뻗어져 있는 육로가 존재했던 것 같다. 그 흔적이 『삼국사기』 지리지4 「三國有名未詳地分」에 편린으로 나온다. 신라의 사방 도로를 의미하는 것으로 보이는 '北海通 鹽池通 東海通 海南通 北傜通'이 그것이다.

여기서 우리의 눈길을 끄는 것은 '동해통'이다. 현재 동해안을 따라 국도가 경주에서 고성군 통일전망대까지 뻗어있다. 하지만 이는 현재의 서울 기준으로 보았을 때 동해 해안선 따라 가로지르는 국도이다. 하지만 신라의 수도는 경주였다.

일찍이 井上秀雄(이노우에 히데오)은 신라의 다섯 개 通을 다음과 같이 비정했다. 북해통은 신라 왕경에서 북쪽으로 통하는 교통로로 파악하여 동해안을 따라서 발해와의 접경으로 통하는 간선도로로 보았다. 여기와 비교해 동해통은 신라인들이 감포와 울산 일대의 바다를 지칭하였다는 사실을 들어서 울산-동래-김해-진주로 통하는 간선도로로 비정하였다.31)

이노우에가 지적한 바와 같이 신라 왕경을 기준으로 보았을 때 동해안을 따라가는 간선도로는 '북해통' 이었다. 이는 『삼국유사』 권1, 기이 제1「내물왕 김(박)제상」조에서 확인된다. 눌지왕(재위 417~458)의 명령을 받고 고구려로 향하는 김(박)제상은 북해의 길("北海之路")로 향했다. 북해통은 신라에서 일찍이 개통된 도로 가운데 하나였다.

북해통과 관련하여 주목되는 조선시대 驛道는 淸河道와 平陵道이다. 두 역도는 강릉-삼척-울진-영해-영덕-청하-흥해-영일-경주로 이어지고 있었다.32)

---

31) 井上秀雄,「新羅王畿の構成」,『朝鮮學報』49, 朝鮮學會 1968, 奈良, 33~53쪽 ;『新羅史基礎研究』東出版 1974(재수록).
32) 『경국대전』(권1, 吏典 外官職)과 『신증동국여지승람』의 내용을 근거로 살펴보면 이러하다. 청하도의 관할범위는 청하-영덕(盈德)-영해(寧海), 그리고 청하·경주(慶州) 방면과 청하-흥해(興海)-영일(迎日)-장기(長鬐) 등에 이어지는 역로이다. 이에 속하는 역은 영해의 병곡(柄谷), 영일의 대송(大松), 흥해의 망창(望昌), 영덕의 주등(酒登)·남역(南驛), 장기의 봉산(峯山 또는 蓬山), 경주의 육역(陸驛)

신라가 성장한 경주분지는 포항에서 울산에 이르는 형산강 지구대의 중앙에 위치하고 있다. 형산강 지구대는 남쪽으로 흐르는 동천과 북쪽으로 흐르는 형산강의 침식에 의해 형성되었다. 포항에서 울산까지는 자연적인 통로가 만들어졌고 신라는 일찍이 포항을 통해 동해안을 따라 북쪽으로 울진 삼척까지 세력을 확대하였다.[33]

504년 2월 지증왕은 삼척지방에 悉直州를 설치하고 伊斯夫를 군주로 삼았다. 왕이 나라 안의 '州郡縣'을 정하면서 실직주를 설치했다는 기록을 염두에 둔다면,[34] 이는 504년 이전에 신라가 삼척 강릉지역을 차지하였고, 그때 가서 '州'라는 軍政統治地區를 설치한 것으로 생각된다. 524년에 세워진 「울진봉평신라비」에서 삼척의 실직군주 탁부의 이부지 나마("悉支軍主 喙部 尒夫智 奈麻")가 보인다. 당대 신라의 삼척 강릉지역 지배를 금석문 자료가 증명하고 있다. 尒夫智는 이사부의 후임자 가운데 하나였을 것으로 여겨진다. 그들도 왕경에서 부임지로 갔을 것이고 200년 후 순정공도 수로부인을 데리고 그 길을 갔다.

하지만 제대로 된 국도가 존재하지 않았던 신라 시대에는 동해안을 따라 육로로 이동하는 것은 쉽지 않다고 생각한다.

동해안은 함흥에서 강릉에 이르기까지 비교적 완만한 평야 지대가 해안선을 따라 형성되어 있다가 명주군 강동면에서 태백산맥의 줄기가 바다와 마주친다. 정동진의 지형을 보더라도 배후의 산과 바다는 거의 붙어있으며, 삼척에서 울진까지 해안은 거의 절벽을 이루고 있다. 근덕이나 임원 그리고 원덕에서 완만해진 해안선이 보이기도 하나 그것은 어디까지나 바다와 만나는 태백산맥의 곁가지가 줄기가 고저를 이

등 7개 역이다. 평령도(뒤에 중심역이 교가역(交柯驛 : 삼척)으로 이속하였다)의 관할범위는 강릉을 중심으로 남쪽으로 삼척-울진-평해(平海), 북쪽으로 양양(襄陽)에 이어지는 역로(驛路)이다. 이에 속하는 역은 강릉의 동덕(冬德)·대창(大昌)·구산(丘山)·목계(木界)·안인(安仁)·낙풍(樂豊), 삼척의 신흥(新興)·사직(史直)·교가(交可)·용화(龍化)·옥원(沃原), 울진의 흥부(興富)·수산(守山)·덕신(德神, 또는 德新), 평해의 달효(達孝) 등 15개 역이다. (정요근, 『高麗 朝鮮初 驛路網과 驛制 硏究』 서울大學校 박사학위논문 2008, 257쪽 참조).

33) 서영일, 『신라 육상 교통로 연구』 학연문화사 1999, 24~25쪽.
34) 『삼국사기』권4, 지증왕 6년 조.

루면서 나타나는 산발적인 현상일 뿐이다. 대부분 마을은 앞은 바다요 산으로 둘러싸인 灣의 좁은 귀퉁이에 붙어있을 뿐이다. 울진에서 남으로 영덕까지 산줄기가 조금 약해지긴 해도 그 정도는 만만치 않다.

『삼국사기』「이사부전」을 보자. 동해안의 이동 수단과 관련하여 주목되는 자료이다.

> 지증왕 13년 임진(512)에 이사부는 阿瑟羅州(강릉)의 軍主가 되어 于山國을 병합하려고 계획하였다. 그는 그 나라 사람들이 미련하고 사나워서 힘으로 항복 받기는 어려우나 전략으로 항복시킬 수는 있다고 생각하였다. 이에 나무로 사자를 많이 만들어 전함에 나누어 싣고 그 나라 해안으로 가서 거짓으로 말했다. "너희들이 만일 항복하지 않으면 이 맹수들을 풀어 놓아서 밟아 죽이겠다." 우산국 사람들이 두려워하여 즉시 항복하였다.

이사부는 우산국(울릉도)를 점령하였다. 강릉까지 북상했던 신라가 6세기 초두에 동해로 본격 진출했다. 그것이 가능했던 것은 지증왕대 牛耕法 실시를 통한 농업생산력 증대 선박이용제도정비 東市 개설을 통한 유통경제 활성화 등 각종 제도 정비로 상징되는 사회발전 때문이었다.

이사부가 우산국의 항복을 받아낼 수 있었던 것은 단순한 사자로서 그들을 위협한 차원의 문제가 아니었다. 그것은 이사부가 이끄는 수군의 무력시위 혹은 위용 때문이었던 것으로 보인다. 우산국 사람들이 싸우지도 못하고 항복할 정도의 무력시위였다면 이사부의 수군은 당시로써는 보기 드문 대형전함과 잘 훈련된 군사들로 구성되어 있었을 것으로 추정할 수 있다.[35]

그렇다면 신라는 해양으로 진출하여 정복 활동을 벌일 정도의 수군을 어떻게 보유하고 있었다는 말인가. 언급한 바와 같이 신라의 사회발전과 무관하지 않다. 동시에 동해안의 험한 지형이 이동 수단으로

---

35) 권덕영,「三國時代 新羅의 海洋進出과 國家發展」,『STRATEGY21』4호 한국해양전략연구소 1999, 210쪽.

항해기술발전을 촉진했지 않았나 생각해 볼 수도 있다. 연안 항해기술 축적이 원양으로 나가는 원동력이 된 것은 세계사의 상식이다.

그리고 수로부인과 순정공의 여정이 시작되기 약 300년 전 배를 이용하여 고구려와 왜에서 신라로 두 王弟를 탈출시킨 박(김)제상의 이야기가 있다.

고구려에서 寶海를 탈출시킨 제상은 왜국에 볼모로 가 있는 美海를 구출하기 위해 곧장 바로 栗浦(울산)로 향했다. 그곳에서 그는 배를 타고 왜국으로 향했다. 배 위에 오른 남편을 제상의 아내는 간곡하게 불렀지만, 제상은 손을 흔들어 보일 뿐 배를 멈추지 않았다고 『삼국유사』는 기록하고 있다. 36)

동해안에서 배를 타고 고구려를 탈출한 보해의 이야기를 보자.

> 눌지왕 10년 乙丑(425)······ 제상은 왕의 앞에서 명령을 받고 바로 '北海之路'로 향하여 變服하고 고구려에 들어가 寶海(눌지왕의 동생)가 있는 곳으로 가서 함께 도망할 일자를 약속해 놓았다. 제상은 먼저 5월 15일에 高城 水口에 와서 배를 대고 기다리고 있었다.
> 약속한 날짜가 정해지자 보해는 병을 핑계로 며칠 동안 조회에 나아가지 않았다. 그러다가 밤중에 도망하여 고성 바닷가에 이르렀다. 고구려왕은 이를 알고 수십 명의 병사를 시켜 쫓게 하니 고성에 이르러 따라잡게 되었다. 그러나 보해는 고구려에 있을 때 늘 좌우에 있는 사람들에게 은혜를 베풀어 왔기 때문에 쫓아온 군사들이 그를 불쌍히 여겨 모두 화살의 촉을 뽑고 쏘아서 몸이 상하지 않고 돌아올 수 있었다.37)

---

36) 『삼국유사』권1, 기이 제1 「내물왕 김제상」조. 눌지왕은 보해를 보자 미해가 더욱더 생각나 한편으로 기쁘고, 한편으로 슬펐으므로 눈물을 흘리면서 좌우의 사람들에게 말을 하였다. "마치 몸에 한쪽 팔만 있고 얼굴에 한쪽 눈만 있는 것 같아서 비록 하나는 얻었으되 하나는 잃은 상태이니 어찌 마음이 아프지 않으랴." 이때 제상은 이 말을 듣고 두 번 절을 한 다음 왕에게 다짐하고 말에 올라타 집에 들르지도 않고 달려 바로 栗浦의 해안가에 이르렀다. 제상의 아내가 이 소식을 듣고 말을 달려 율포에 이르렀으나 남편이 벌써 배에 타고 있는 것을 보았다. 아내가 그를 간절히 부르자 제상은 다만 손만 흔들어 보일 뿐 멈추지 않았다.

위의 기록에서 알 수 있듯이 제상이 눌지왕의 동생 보해를 탈출시킨 경로는 고성에서 포항에 이르는 海路인 것으로 보인다. 육로로 탈출했다가는 지형상 도주로가 뻔한 동해안 길에서 고구려군의 추격을 따돌릴 수 없다. 배로의 탈출이 안전했기 때문에 특별히 배를 이용했다고 할 수도 있다.

배는 연안 이동에 용이한 도구이기도 했다. 배는 매우 빨랐다. 이동 비용과 노력이 육로보다 많이 소요되지 않았다. 물론 이동하다가 항구에 들려 쉬어가야 했다. 고대에는 배가 크지 않았기 때문에 때에 따라 피항을 해야 했고, 항구에서 식량과 물을 공급받아야 했다.38)

이제 『삼국유사』권2 기이 「수로부인」조에서 <헌화가> 창작의 공간을 살펴보자.

"성덕왕 대 純貞公이 강릉 태수로 부임하는 도중에 바닷가에서 점심을 먹었다. 곁에는 돌 봉우리가 병풍과 같이 바다를 두르고 있어 그 높이가 천 길이나 되는데, 그 위에 철쭉꽃이 만발하여 있었다. 공의 부인 '水路'가 그것을 보고 좌우 사람에게 말했다. "꽃을 꺾어 내게 줄 사람이 없는가." 그러자 從者들은 "거기에는 사람이 갈 수 없는 곳입니다."하고 아무도 나서지 않았다. 이때 암소를 끌고 곁을 지나가던 늙은이가 있었는데 부인의 말을 듣고 그 꽃을 꺾어 歌詞까지 지어 바쳤다. 그러나 그 늙은이가 어떤 사람인지는 알 수가 없었다. 그 뒤 편안하게 이틀을 가다가 또 臨海亭에서 점심을 먹는데 갑자기 용이 나타나더니 부인을 끌고 바닷속으로 들어갔다.…"39)

위의 설화에서 수로부인과 그 일행이 강릉으로 가는 여정 중에 두

---

37) 『삼국유사』권1, 기이 제1 내물왕 김제상 조.
38) 윤명철, 「高句麗 發展期 海洋活動能力에 대한 검토」, 『申廷澈教授停年退任紀念 史學論叢』 1995, 참조.
39) 『삼국유사』권2 수로부인 조, "聖德王代, 純貞公赴江陵太守(今溟洲)行次海汀書饍. 傍有石嶂如屛臨海, 高千丈, 上有躑躅花盛開. 公之夫人水路見之謂左右曰, '折花獻者其誰.' 從者曰 '非人跡所到.' 皆辭不能. 傍有老翁牽牛而過者, 聞夫人言折其花, 亦作歌詞獻之. 其翁不知何許人也. 便行二日程 又有臨海亭 畫饍次 海龍忽攬夫人入海…"

차례 점심을 먹었으며, 그 공간이 海汀과 臨海亭으로써 바로 바닷가라는 것을 알 수 있다. 덧붙여 '石嶂이 如屏臨海'한 곳이다.

『삼국유사』권2 기이「수로부인」조 일부를 원문으로 다시 보자.

"行次海汀晝饍 傍有石嶂 如屏臨海 高千丈 上有躑躅花盛開 公之夫人 水路見之 謂左右曰 折花獻者其誰 從者曰 非人跡所到皆辭不能 …"

주목해야 할 것은 절벽 위에 흐드러지게 핀 철쭉이 있었고(上有躑躅花盛開), 수로부인이 그것을 바라보았다는 점이다(公之夫人水路見之).

여기서 철쭉과 수로부인의 위치가 드러난다. 철쭉은 천장 높이(高千丈) 절벽 위에 있었고(上有), 수로부인은 그 천 길 아래에서 꽃을 보았다는 점이다. 그리고 그곳은 사람의 발자취가 이르지 못하는 곳이다(非人跡所到)".

즉 수로부인 일행이 육로로 가다가 절벽 아래 해안가로 내려가 절벽 위의 철쭉을 보았다고 하는 것도 어색하며, 점심을 먹기 위해서 저 한참 아래인 '바닷가에서' 점심을 먹었다는 것도 현지 공간을 생각해 볼 때 내용상 문제가 있다.

이러한 설화를 통해서 수로부인 일행이 배를 이용하여 이동했다는 결정적인 증거는 보이지 않는다. 그러나 헌화가 창작의 공간이 '石嶂이 如屏臨海'한 곳이라는 점과 앞에 논술한 몇 가지 정황으로 보아 수로부인 일행은 동해안의 험한 육로가 아닌 수로(물길)를 택하여 김순정의 부임지로 향했을 가능성이 높다. 이는 '水路'를 통해 동해안의 가장 험한 삼척-울진 사이의 어느 어촌 灣에 입항하는 배에서 목격되는 풍경일 수도 있다.

3. '水路'의 의미와 <獻花歌> 가사

<헌화가>의 창작공간이 '石嶂이 如屛臨海'한 곳이라는 지형적 배경과 아울러 <헌화가>의 주인공 '水路'부인이라는 이름에서 수로부인 일행이 육로가 아닌 '물길'로 갔다는 중요한 단서가 될 수 있지 않을까? 때로는 등장인물의 이름이 이야기 전체의 의미를 해명할 수 있는 실마리로 작용하기도 하기 때문이다.

그리고 수로의 남편 김순정은 바다 건너 일본과 외교와 교역을 주도했던 신라의 집정 상재였다.40) 이 부분에서도 '수로'부인의 이름이 시사하는 바가 크다고 할 수 있겠다.

외교권은 왕이 가진 여러 가지 정치권력 가운데 하나이다. 외교권은 공동체를 대표하는 사람의 고유 권능으로 대외적인 교통 확보가 커다란 역할이었다. 외교권은 정치적인 것만이 아니라 교환·유통을 포함한 경제적 교통 장악과 관련이 있다.41) 8세기 신라의 대일외교의 경우 집정 대신이 전담했으며, 김순정에서 그 孫 金邕으로 이어지는 김순정 가문이 그것을 관장했던 것 같다.42)

『속일본기』권33, 寶龜 5년(774) 3월 癸卯 조를 보자.

> "新羅國使 礼府卿 沙飡 金三玄 이하 235人이 (九州) 大宰府에 도착하였다. … 三玄이 말하였다. 本國王의 敎를 받들어 옛날의 우호를 닦고 사신 방문을 청하기 위함이다. 아울러 우리나라의 信物과 在唐大使 藤原河清의 書를 가지고 來朝했습니다.… 本國의 상재 김순정의 시절에 사신의 왕래가 잦았고, 항상 직공을 닦았다. 지금 그 손자(今其孫) 邕이 지위를 계승하여 執政하고 있는데 그는 가문의 명성을 좇아서 (일본 조정을) 供奉하려는 마음을 먹고 있다. 이로 말미암아 옛날의 우호를 다시 닦고 사신의 방

---

40) 『속일본기』권33, 寶龜 5년(774) 3월 癸卯 조, "本国上宰金順貞之時. 舟楫相尋.常脩職貢. 今其孫継位執政."
41) 左藤信, 「古代の大臣外交についての一考察」, 『日本と渤海の古代史』 山川出版社, 2003, 88쪽.
42) 鈴木靖民, 앞의 논문 참조.

문을 요청하려는 것이다."

위의 기록은 774년(혜공왕 10) 3월에 일본에 파견된 신라사신 김삼현과 일본 관리의 대화 내용이다. 여기서 주목되는 것은 상재 김순정과 그 손자 金邕이 대일외교를 전담하고 있다는 점이다. <聖德大王神鐘銘>을 보면 당시 김옹은 당시 신라에서 上相으로 兵部令·殿中令·司馭府令·修城府令 등을 겸직하고 있었던 신라 최고의 실력자로 집정 대신이었다.

위의 기록에서 신라 상재 김순정의 시절에는 신라와 일본 사이의 사신 왕래가 잦았다고 하고 있다. 김순정이 생존했던 성덕왕 대 725년 이전까지 총 14회 일본과의 사절 왕래가 있었다. 726년 일본에서 귀국길에 올랐던 신라 사신 金奏勳 등은 일본 왕이 신라의 집정 대신 김순정 등에게 내리는 칙을 받기도 했다.

그때 김주훈은 김순정이 전년 6월 30일에 죽었다는 사실을 일본 왕에게 보고했다.43) 일왕은 자신의 吉士가 죽었다고 한탄하고 많은 비단제품을 賻儀로 내놓았다. 일왕은 김순정을 자신의 신하로 생각하고 있을 정도였다. 여기서 신라일본 조정에서 김순정의 위치는 물론이고 그가 휘하에 거느렸던 대일본외교사절단과 그들을 배로 태워 날랐던 水夫 집단의 존재가 드러난다.

이렇듯 대일외교는 말할 것도 없고 신라는 동해안 이동에서도 水路를 이용한 듯하다. 이점 일찍이 지적된 바 있다. 1913년 함경도 동해안 함흥 방면에서 고구려의 舊都 국내성으로 향하는 해발 1,225m 고개에 568년 신라 진흥왕이 세운「황초령비」를 본 今西龍(이마니시 류)은 신라가 동해를 교통로로 이용하여 북쪽 영토를 확장했다고 보았다. 그의 글을 옮기면 다음과 같다.

"진흥왕 순수비가 북한산(서울-필자)에 세워지고 또 비자벌에 세워진 것

---

43)『속일본기』권9, 神龜 3년(726) 秋 7월 戊子 조.

과 비교할 때, 본비(황초령)는 비리성(강원 최북부 안변)에서 너무 멀리 (북쪽으로) 떨어져 있다. (황초령비가) 신라의 영토라고는 거의 추측할 수 없는 황초령 위에 남아 있는 것은 기이한 느낌을 준다.

그렇다고 하더라도 고구려는 삼국 위나라 시대에 한반도 서쪽에서 압록강 하구조차 완전히 차지하지 못했음에도 동쪽에서는 강원(도) 및 경상(도) 연안의 예맥을 종속시킨 사실이 있다. 일본에서도 태평양 방면에서는 진출이 늦어 히타치(常陸 현 이바라키현)와 시모스케(下野 현 토치기현)에서 정체된 것에 비해 일본해(동해) 방면에서는 훨씬 북진했다. 이것은 바로 당시에 교통로로서 바다가 가졌던 중요성에 기인한 것이다.

비열홀 측 안변에 軍主를 파견한 시기는 『삼국사기』에 따르면 진흥왕 17년(556)이었고, 이것은 당시 신라가 발흥하던 형세로 보아 참으로 있을 수 있는 일이었다. 신라는 해상 통로를 이용해서 종래 고구려에 종속되었던 예족을 자신에게 종속시켰다. 한 걸음 더 나아가 함흥평야에 들어가 옥저를 종속시켰던 것도 추측하기 어렵지 않다. 고구려와 백제의 싸움을 틈타 신라가 해상을 이용해 일시에 급격히 발전하여 황초령에 도착한 것은 부정할 수 없다. [44]

고려 시대에 동해안 지방과 경주를 약탈했던 여진 해적의 활동은 이마니시의 주장을 일면 보충하여 주는 듯하다. 현종 2년(1011)부터 숙종 2년(1097)에 이르기까지 80년 동안 기록에 나타난 것만 20여 회나 된다.[45] 그 가운데 하나의 사례를 보자.

"(신해 2년 1011) 8월에 동여진이 100여 척의 배로 慶州에 침입하였다. 淸河· 興海· 迎日· 蔚州 ·長鬐에 성을 쌓았다(『고려사절요』권3 현종 원문대왕)."

---

44) 今西龍, 「新羅眞興王巡狩觀境碑考 상」, 『考古學雜誌』 12-1(1921); 『新羅史硏究』 京城 近澤書店, 1933 ; 이부오·하시모토 시게루 역, 『신라사연구』 서경, 2008, 356~357쪽.
45) 김재근, 『우리의 배: 구조와 역사』 서울대학교출판부 1996.

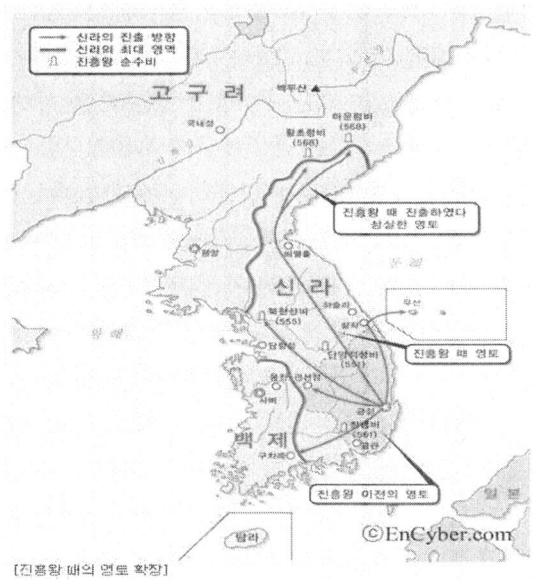
[진흥왕 때의 영토 확장]

고려가 건국 후 지금의 평안도와 함경도인 北界의 경영에 나서자 압박을 받은 여진족 중에서도 특히 함흥, 홍원, 북청 등 동북면 해변에 살고 있던 무리 중 일부가 해적이 되어 동해안 각지에 자주 침범해 들어왔다.46)

---

46) 『고려사』권4, 세가 "현종 10년 (1019) 4월 丙辰, 鎭溟의 船兵都部署 張渭男 등이 해적의 배 8척을 잡아서, 해적에게 사로잡혀 있던 일본인 포로 남녀 2백 59명을 供驛令 鄭子良을 보내 그들의 나라로 돌려주었다."
『고려사』권4, 세가 "현종 10년 (1019) 7월 己卯, 于山國 백성 중에 일찍이 女眞의 침략을 피하여 도망쳐온 자들을 모두 돌아가게 하였다."
『고려사절요』권3, 현종 원문대왕, "현종 19년 (1028) 여름 5월, 女眞이 平海郡을 침공하였으나 이기지 못하고 돌아갔다. 뒤쫓아 가서 적의 선박 4척을 사로잡고 모두 죽였다."
『고려사』권5, 세가 "현종 19년 (1028) 10월 丁亥, 東女眞의 해적선 15척이 高城에 침입하고 己丑에 龍津鎭을 침공하여 中郎將 朴興彦 등 70여 명을 잡아갔다."
『고려사』권5, 세가 "현종 20년 (1029) 윤 2월 己亥, 女眞의 해적선 30여 척이 동쪽 국경에 침입해 왔으나 船兵都府署判官 趙閏貞이 쳐 쫓아버렸다."
『고려사』권5, 세가 "현종 20년 (1029) 3월 庚辰, 東女眞의 해적선 10척이 溟州에 침입하여 왔으나 兵馬判官 金厚가 쳐서 물리쳤다."
『고려사절요』권4, 덕종 경강대왕, "덕종 2년 (1033) 4월, 해적이 三陟縣을 노략질 하므로 40여 인을 사로잡았다."

1011년 동여진은 100척의 배를 동원하여 동해안과 인접한 당대 최대의 도시 경주까지 쳐들어왔다. 그들은 포항에 상륙하여 경주로 들어온 것으로 보인다. 동해 해안 육로의 멀고 험난함은 항해를 시도했을 충분한 이유가 될 수 있다.

주지하다시피『삼국유사』기이 제2권은 모두 23편이며 이들 각 편들 대부분은 신이하고 비범한 인물들의 행적담이다. 그리고 각 편 주인공들은 대부분 왕이며 단연 남성이다. 그런 가운데에 여성인 수로부인이 당당하게 실려 있다.

수로부인은 과연 어떠한 신이성을 가진 여인이기에 이렇듯 이례적 위치를 확보할 수 있었을까?47) 그리고 <헌화가>와 <해가>에 등장하는 노인은 어떠한 인물인가?

수로부인 일행이 왕경 경주에서 강릉으로 향한 시기는 702년 직후 무렵 어느 봄볕 따스한 5월경이었을 것이다.

그들 일행은 삼척에서 울진 사이의 어느 해안가 '石嶂이 如屛臨海'했던 곳에서 정박하고 식사를 했을 것이다. 그들이 점심을 먹고 있는 바로 옆에는 천 장 높이의 바위 암벽에 자주색 철쭉꽃이 흐드러지게 피어있었다.

'水路'부인이 시종들에게 "꽃을 꺾어다 바칠 사람이 그 누구인고?"하니, 돌아오는 대답은 "그곳은 사람의 발자취가 이르지 못하는 곳이옵니다(非人跡所到)"라고 하며 위험하여 모두 불가능한 일이라 하고는 누구도 꽃을 따러 나설 엄두를 내지 못하고 있었다.

그런데, 마침 그 곁으로 어떤 정체불명의 牽牛老人이 지나다가 부인의 말을 듣고는 천장 높이의 바위에 올라가 철쭉을 꺾어 와서는 다음과 같은 가사까지 지어 바친다.

『고려사절요』권4, 정종 용혜대왕, "정종 2년(1036) 2월, 동여진의 해적선이 三陟縣 桐津戍에 침입하여 人民을 약탈하므로, 守將이 풀숲에 복병을 두고 도적들이 돌아가는 것을 엿보다가, 북 치고 소리 지르며, 추격하여 40여급을 사로잡기도 하고 베어 죽이기도 하였다."

47) 수로부인 조에 대한 시각들이 무척 다양하며, 지금까지도 논의되는 쟁점들이 많다. 본고에서는 이에 대한 깊은 연구는 다음으로 미루고 간단히 검토하고자 한다.

紫布岩乎邊希	자줏빛 바위 가에
執音乎手母牛放教遣	잡고 있는 암소 놓게 하시고
吾肹不喩慚肹伊賜等	나를 아니 부끄러워하시면
花肹折叱可獻乎理音如	꽃을 꺾어 바치오리다.[48]

분명 꽃이 있었던 곳은 경사가 가파르며 높은 암벽이어서, 사람으로서 올라갈 수 없는 위치에 있다. 그런데도 생면부지의 노인은 너무도 쉽게 꽃을 꺾어다가 바쳤다.

여기에는 세상의 신물 세계까지도 알려진 절세 귀부인의 미모와 자태를 흠모해 마지않는 노인의 순수한 마음이 담백하게 표현되어 있다.

그 이틀 후에 지어진 <해가>에도 또한 노인이 등장한다. 순정공 일행이 바닷가 정자에서 점심을 먹는데 돌연 바다 용이 나타나 수로부인을 바닷속으로 끌고 들어갔다가, 역시 한 노인의 지혜로서 주변 백성들을 합심하게 하여 수로부인을 구해낼 수 있었다. 물론 이 일들 이외에도 수로부인은 세상에서 알아줄 정도로 용모가 뛰어나 깊은 산이나 연못을 지날 때마다 신물에 자주 납치되었다.[49] 고 한다.

<헌화가>와 <해가>에 등장하는 이 노인은 동일 인물일 수도 있고 다른 인물일 수도 있지만, 여하튼 노옹은 수로부인 주변에 존재하며 대소사를 해결해주는 주변인이면서도 주요 인물이며 비범한 인물임이 틀림없다.

일연이 수로부인의 '姿容絶代'가 노인을 바위 암벽으로 끌었으며 <헌화가>를 지어 바친 원인이라고 했다. 여기에 덧붙여 수로는 신라의 대일무역을 담당하는 고위 집정자의 부인으로서 그가 갖는 의미는 상

---

48) 김완진, 『향가해독법연구』 서울대학교출판부, 1980, 70쪽. 현대어역. 향가인 <헌화가>는 역대 제가의 해독만으로도 가사의 맥락이 충분히 파악되며 서로 대동소이하다.

49) 『삼국유사』권2 수로부인조, "便行二日程, 又有臨海亭晝饍次, 海龍忽攬夫人入海, 公顚倒躄地計無所出, 又有一老人告曰," 故人有言衆口鑠金, 今海中傍生何不畏衆口乎, 宜進界內民 作歌唱之以杖打岸, 可見夫人矣." 公從之, 龍奉夫人出海獻之."

당히 컸으리라 사료된다. '수로'가 물과 깊은 관계가 있는 중요한 인물이었기 때문이었을 것이다.

한적한 어느 바닷가 항만에 따사로운 봄볕이 기분 좋게 내리쬐고 있고, 저 천 길 높이 암벽에는 자줏빛으로 아름답게 수놓고 있는 躑躅花, 그리고 자용절대의 미인에게 철쭉 한 아름을 꺾어다 바치는 어느 견우노인의 순수한 모습을 상상한다면 얼마나 아름다운 풍경이겠는가.

4. 소결

지금까지 <헌화가>와 관련된 많은 논문이 있었다. 기존연구는 통일신라기 전체를 고려하여 이루어졌다. 그 시간의 폭 만큼 논문 생산도 비례했다. 하지만 <헌화가>·<해가>창작의 시공간을 명확히 밝히면 많은 것이 달라진다.

먼저 시간을 좁혔다.『속일본기』기록대로 성덕왕 대 김순정이 사망한 725년 이전으로 시기를 한정했다. 당대에는 어느 시기보다 왕권이 안정되어 있었고, 자연재해가 빈번해도 국가의 대응 능력이 있었다. 그만큼 지방지배도 확고했으며, 중앙정부에 대항세력은 거의 없었다. 호족 발호는 9세기 중후반에 가서였다.

『삼국사기』성덕왕 30년(731) 일본의 침입기록은 있지만, 당시는 김순정이 사망한 6년 후였고, 동시기의『속일본기』에는 신라침공 기록이 없다. 더구나 김순정은 성덕왕 대 일본과 외교·교역을 주도한 인물이었다.

다음으로 수로부인의 '旅路', 북해통과 <헌화가> 창작의 공간에 대해 고찰했다. 수로부인이 강릉으로 향한 여로였던 동해 해안 지형은 지금도 그대로이다. 제대로 된 도로가 없던 당시 동해안 육로이동은 어려웠다.

동해안 지형은 함흥에서 강릉까지 완만하지만 명주군 강동면에서 태백산맥의 줄기가 바다와 마주친다. 삼척에서 울진까지 해안이 거의 절벽이다. 앞은 바다요 산으로 둘러싸인 '만'의 좁은 귀퉁이에 마을들이 자리 잡고 있다. <헌화가> 창작의 공간 "石嶂如屏臨海"했던 곳은 이와 관련이 있다. 이는 '水路'를 통해 동해안의 가장 험한 울진-삼척 사이의 어느 어촌 만에 입항하는 배에서 보이는 풍경일 수도 있다.

마지막으로 '水路'의 의미와 <헌화가> 가사의 의미에 대하여 생각해 보았다. 등장인물의 이름은 이야기 전체의 의미를 해명할 수 있는 실마리로서 작용할 수도 있기 때문이었다. 그녀의 남편 김순정은 바다 건너 일본과 외교와 교역을 주도했던 신라의 집정 재상(上宰)이었다. 그녀의 집안에서 배를 운용하는 수부들의 존재도 상정해볼 수 있다.

「수로부인」조를 보면 수로 일행이 절벽이 병풍처럼 펼쳐진 해안가에서 점심을 먹었다. 철쭉은 천장 높이 절벽 위에 있었고, 수로부인은 그 천장 높이의 밑에서 꽃을 보았다. 헌화가 창작의 무대에 수로부인 일행이 배를 타고 등장하는 모습을 상상해 볼 수도 있겠다. 육로로 가다가 절벽 아래 해안가로 내려가 절벽 위의 철쭉을 보았다고 하는 것은 어색하다.

경주에서 강릉까지의 육로는 식솔들을 데리고 가기에 너무나 멀고 험난한 길이었다. 수로부인과 그의 남편 순정공은 702년 태수 임명 직후 배를 타고 강릉으로 향했을 가능성은 충분하다.

연안 항해 시에 배는 간혹 항구에 들려 잠시 쉬어가야 했다. 특히 바다와 태백산맥의 준령이 맞닿은 울진에서 삼척에 이르는 지역에서 여러 번 정박해야 했으리라. 여기서 노옹 등을 만났고 지역 사람들에게 목격되었을 것이다. 신라 최고위 신분의 가족들 행차가 아닌가.

II장.

水路夫人의 신분

연구자들은 수로부인을 귀족 출신의 아름다운 미인 또는 무당 등으로 설명했다. 윤영옥은 일찍이 태수로 부임해 갈 순정공이라면 重阿湌에서 舍知 6~13등급의 사람으로 외관직이라 하더라도 중앙에서 신임할 인물이며, 상당한 신분의 사람이라 할 수 있다고 보고, 그의 부인 수로 역시 동렬이거나 그 이상의 신분계층이라 할 수 있다고 하였다.[1] 김광순도 수로부인이 중앙에서 파견되어가는 남편과 같은 상당한 신분이라고 보았다. 나아가 절세의 미인으로 어떤 의례에 참석한 여인이라고 했다.[2]

『삼국유사』「수로부인」조에서 전하는 그녀의 정보는 극히 제한되어있다. 남편이 수로부인 정체를 파악하는 유일한 연결고리이다. 황병익은 남편 순정공을 통한 우회적 접근이 필요하다고 했다. 그는『삼국유사』의 純貞公을『삼국사기』의 順貞과 동일인으로 보았다. 김순정은 경덕왕의 전 왕비 삼모부인의 아버지이며,『속일본기』기록에서 신라의 집정 상재로 언급되는 국내외에서 입지가 상당한 인물로 보았다. 수로부인은 경덕왕비의 어머니로서 당대 최고 아름다운 귀부인으로 보았다.[3]

본고는 수로부인의 신분을 보다 '구체적'으로 밝히는 데 목적이 있다. 23편으로 이루어진『삼국유사』「기이」제2권의 각 편 주인공들은 대부분 왕이며 단연 남성이다. 그런 가운데에 여성인 수로부인이 당당하게 실려 있다. 이는 당시 그녀의 사회적 위치와도 무관하지 않은 것 같다.

필자는 본고에서 수로부인의 신분을 밝히는 데 있어 남편 순정공의 부임지인 강릉에 주목했다. 지금까지 이와 관련하여 강릉지역에 주목한 연구가 없었던 것은 아니었다. 김흥삼은 夫人이란 칭호가 왕비나

---

1) 윤영옥,『新羅詩歌의 硏究』형설출판사, 1982, 154~164쪽.
2) 김광순,「헌화가 설화에 관한 일고찰」,『韓國詩歌硏究』(백강 서수생박사환갑기념 논총) 형설출판사, 1981, 11~26쪽.
3) 황병익,「삼국유사 '수로부인'조와 헌화가의 의미 재론」,『한국시가연구』22, 2007, 7~10쪽.

王昧이거나 왕족의 위치에 있는 여인이면서 司祭權을 지님으로써 國
巫와 같은 역할을 할 수 있는 여자에게 주어지는 이름이라고 보고, 수
로부인은 巫로서 제의를 거행하는 존재로 중앙에서 祈雨祭의 임무를
띠고 강릉에 파견된 것으로 보았다. 성덕왕 대는 자연재해가 심했고,
강릉으로 가는 도중에 <헌화가>와 <해가>가 창작되었던 점을 고려한
해석이었다.4)

『삼국사기』권32, 잡지「제사」조에 보이는 박혁거세 祠堂에 제사를
주관한 임무를 맡은 남해차차웅의 親妹 阿老의 예를 근거로 하는 이러
한 지적은 시대의 차이를 고려하지 않은 성급한 해석이라는 느낌이 든
다. 남해차차웅 시대의 기혼 여부도 불확실한 '왕매'와 통일신라시대의
'부인'은 결코 동일하다고 볼 수 없으며, 경주 인근의 소국시대 斯盧國
왕족 · 귀족과 한반도를 통일한 신라의 그것은 성격과 위상이 다를 수
밖에 없다. 더욱이 현재 수로부인의 신분은 고위 귀족이라 추측할 뿐
구체적으로 밝혀지지도 않았다.

『삼국유사』臺山「五萬眞身」조를 보면 '명주 · 강릉'지역5)은 무열
계 신라 왕자들이 머물렀던 곳이다. 일연은 신문왕의 아들들인 효소
왕과 성덕왕이 일찍부터 그곳에 인연을 두고 있었으며, 705년 명주
오대산 眞如院에 행차한 신라왕을 성덕왕으로 보고 있다. 성덕왕 대
순정공의 명주 · 강릉 부임은 그의 혈연에 대한 소중한 정보를 줄 것으
로 생각된다.

필자는 본문에서 먼저 오대산 眞如院과 순정공의 관련성에 대하여

---

4) 金興三,「新羅 聖德王의 王權强化策과 祭儀를 통한 河西州地方 통치」(下)『박물관
지』4·5합집, 강원대학교 중앙박물관, 1998, 69~75쪽.
5) 강릉은 성덕왕 당시 河西州로 불리었던 것으로 보인다.『삼국사기』권35, 잡지4
지리2 溟州 조를 보면 고구려 점령기에는 河西良 또는 河瑟羅로 불리웠다. 하서
주는 경덕왕 16년(757)에 가서 溟州로 개명되었다. 일연이『삼국유사』를 편찬할
당시 이 지역은 江陵道였다. 여기에 대해서는 김홍삼의 상세한 고증이 있다. (金
興三,「新羅 聖德王의 王權强化策과 祭儀를 통한 河西州地方 통치」(下)『박물관
지』4·5합집, 강원대학교 중앙박물관, 1998, 62~64쪽). 성덕왕 당시 명주라는 지명
도 없었고, 강릉이란 지명도 없었다. 하지만 본 논문에서는 편의상 명주 강릉지역
이라 하겠다.

생각해 보았다. 다음으로 순정공의 부임지인 명주·강릉지역과 무열계 왕가의 관계에 대하여 검토해보았다. 마지막으로 중대 진골귀족들의 혼인에 대해 살펴보았다.

그동안 역사학계에는 수로부인이 살았던 中代 신라사에 대한 연구가 상당히 축적되어 있다. 그것들에 대한 고찰을 소홀히 하고 연구를 더 진척시키는 것은 자연스럽지 않다. 수로부인 조를 검토하는 데 있어 역사적 연구 성과를 보다 적극적으로 활용할 필요가 있다고 생각한다. 이를 통해 수로부인의 신분을 파악할 수 있는 실마리를 얻을 것이라 생각한다.

1. 명주 오대산 眞如院과 강릉태수 金順貞

이우성은 「『삼국유사』 소재 처용설화의 一分析」(『김재원회갑기념논총』1969)이란 논문에서 '동해의 용'에 대해 다루었다. 처용의 정체를 밝히기 위해 그는 『삼국유사』에 보이는 동해용에 대해 검토하여 두 종류의 용으로 나누었다. 하나는 신라국가를 보위하는 호국 호법의 용이며, 다른 하나는 신라의 변경에 있으면서 자칫하면 반 중앙적 태세로 나올 수 있는 작은 용이라 했다.

그는 수로부인을 납치한 海龍을 후자의 그것으로 보았다. "신라의 중앙귀족으로 강릉 태수에 부임하는 순정공의 부인을 白晝에 탈취하여 바다로 들어간 동해용은 夫人의 미모를 탐내어 그랬는지 몰라도, 신라왕의 명령으로 지방을 통치하러 가는 태수의 행차에 공공연히 도전했던 것이다."

나아가 그는 태수 측의 주술이 주효하여 부인을 구출했다고 하지만 용에게 벌을 주지도 않았고, 도리어 부인에게 海中事를 물었다. 부인이 용의 생활을 좋게 말한 것을 보면 주술의 효과는 다만 부인을 찾아오는 데 그쳤고, 적극적으로 제압할 수 없었다고 보았다.

그가 「수로부인」조의 '해룡'을 반중앙적 세력으로, <해가>를 태수 측의 주술로 보았던 것은 후의 연구에 절대적인 영향을 미쳤다. 그래서 신라의 최전성기인 성덕왕 대에도 반 중앙적인 호족이 존재했다거나, 수로부인의 巫的 존재·의례 등등에 관한 수많은 논문들이 쏟아졌다.

뒤에 언급하겠지만 705년 성덕왕은 명주 강릉지방을 방문한다. 당시 지방 세력이 중앙에 도전하는 분위기였다면 이러한 국왕의 행차가 가능하겠는가? 또한 당대 고위층의 부인을 巫的인 존재로 몰아가는 것 또한 과한 해석이다.

아무리 설화가 많은 것을 반영한다고 하더라도 '시대'를 넘어서는 과도한 해석이었다. 이우성은 신라말 중앙의 힘이 현격히 약화한 헌강왕 대 처용설화를 분석하는 과정에서 중앙의 힘이 가장 강했던 성덕왕

대의 자료를 이용했다. 그것을 바탕에 두고 '문학'이란 이름 아래 수많은 해석이 나온 것은 바람직하지 않다고 생각한다.

학계의 논점이 <헌화가>와 <해가>가 중심이 된 것은 당연하다. 하지만 설화를 형성하고 있는 주변에 대한 고려는 부족했다. 특히 그의 수로부인 남편의 부임지인 강릉에 대한 검토는 거의 하지 않았다. 오히려 명주 강릉지역 자체가 남편 순정공과 연결된 수로부인의 정체를 분석하는 데 있어 중요한 단서의 하나가 된다고 생각한다.

<헌화가>의 노옹을 분석하는데 있어 강릉지역과 연계된 불교 자료를 이용한 연구는 있었다. 『삼국유사』권3, 탑상4 「대산 오만진신」조에 보이는 성덕왕의 강릉 오대산 행차는 화엄 사상이 국가 차원에서 실현되고 있음을 의미하며, 성덕왕의 강릉 오대산의 불사와 가장 관련이 깊은 것은 문수보살이라 한다. 나아가 그는, 문수보살은 생업에 종사하는 범부의 누추한 모습으로 나타나며 성덕왕 대에 강릉으로 부임하는 길에 순정공이 만난 牽牛老翁이 바로 문수보살을 상징하는 인물이라고 보았다.6) 『삼국유사』권3, 탑상4 「대산 오만진신」조의 앞부분을 보자.

"산 중에 있는 고전을 상고해 보면 이렇게 말했다. 이 산은 眞聖, 즉 문수보살이 살던 곳이라고 한 것은 자장법사로부터 시작되었다."…"그대의 본국(신라) 동북방 溟洲(강릉지방) 경계에 오대산이 있는데 1만의 문수보살이 항상 머물러 있으니 그대는 가서 뵙도록 하시오"

노옹을 문수보살로 보았던 견해는 분명한 근거가 있다. 수로부인과 순정공이 노옹을 만났던 곳은 강릉으로 향하는 도중에서였다. 크게 보면 강릉과 멀지는 않다고 할 수 있다. 노옹에 대한 불교적 해석에 관해서는 필자가 잘 판단할 수가 없다. 하지만 이 견해는 성덕왕이 명주 강릉지방에 행차했고, 순정공이 그곳으로 부임한 지방관인 점을 상

---

6) 신현숙, 「헌화가의 불교적 고찰」, 『동악어문논집』 19, 1984, 165~168쪽.

기시켜주고 있다. 나아가 순정공 부부와 명주 오대산 불사와 관련성을 지적했다는 점에서 중요한 시사점을 던져주고 있다. 『삼국유사』권3, 탑상4 「대산 오만진신」조에 관련 기록을 보자.

A.

자장법사가 신라로 돌아왔을 때 淨神大王의 太子 寶川·孝明 두 형제가 와 河西府(溟洲 江陵府) 세헌 角干의 집에서 하룻밤을 머물렀다. 이튿날 큰 고개를 지나 각기 천명의 무리를 거느리고 성오평에 닿았다. 여러 날 유람하다가 갑자기 어느 날 저녁에 두 兄弟가 속세를 벗어 날 뜻을 남몰래 약속하고는 아무에게도 알리지 않고 도망하여 五臺山에 들어가니 그의 侍衛들은 갈 바를 알지 못하여 서울로 돌아왔다.

두 太子가 산속에 이르자 문득 푸른 연꽃이 땅 위에 피므로 형(보천)이 그곳에 암자를 짓고 살았는데 이곳을 보천암이라 했다. 그곳에서 동북쪽으로 6백여 보를 가니 북쪽 대의 남쪽 기슭에 역시 푸른 연꽃이 핀 곳이 있으므로 아우 효명이 또한 암자를 짓고 살면서 저마다 부지런히 업을 닦았다.

B.

…이때 정신왕의 아우가 왕과 왕위를 다투었으므로 나라 사람들은 이를 폐하고, 네 명의 장군을 보내어 산에 가서 이들 두 태자를 맞아 오도록 하였다. 이들은 먼저 효명의 암자 앞에 닿아 만세를 불렀다. 그때 오색구름이 7일 동안 그곳을 덮었다. 나라 사람들이 그 구름을 찾아 모두 모여서 노부(임금의 儀仗)를 벌여놓고 두 태자를 맞아 가려 했다. 그러나 보천은 울며 이를 사양했으므로 효명을 받들어 돌아와서 왕위에 오르게 했다. 그는 여러 해 나라를 다스렸다.[7]

神龍 원년(705) 乙巳 3월 초4일에 비로소 眞如院을 고쳐 세웠다. 이때

---

[7] 일연은 여기에 다음과 같은 주석을 달았다. "記에 말하기를 (효소왕이) 왕위에 있은 지 20년이라 했다. 이는 대개 죽을 때의 나이가 26세라 한 것을 잘못 전한 것이다. 그가 왕위에 있었던 것은 다만 10여 년 뿐이었다. 또 신문왕이 아우가 왕위를 다투었다고 하였는데 『國史』에는 그런 기록이 없으니 알 수 없는 일이다."

(聖德)大王은 百官들을 친히 데리고 산에 와서 殿堂을 세우고, 또한 문수보살 塑像을 만들어서 堂에 모셨다.

위 기록에 대하여 저자 일연이 주석을 달았다. 먼저 A의 "淨神大王의 太子 寶川·孝明"에 대한 그의 주석을 보자.

"『국사』를 살피건대, 신라에는 淨神·寶川·孝明의 3父子는 없다. 그러나 이 기록의 下文에는 神龍 원년(705, 당 중종의 연호)에 터를 닦고 절을 세웠다고 했으니 신룡 원년은 성덕왕 즉위 4년 乙巳이다. (성덕)왕의 이름은 興光이요, 본명은 隆基이니 신문왕의 둘째 아들이다. 성덕의 형 孝照는 이름이 理恭이며, 혹 洪川이라고도 했다. 역시 신문왕의 아들이다. 신문왕의 이름은 政明, 자는 日照이니 淨神은 아마 政明·神文이 잘못 전해진 듯하다. 孝明은 孝照의 照를 昭로 쓴 데서 잘못 전해진 듯하다. 이 기록에는 孝明이 즉위한 것만 말하고 神龍 년간에 터를 닦고 절을 세웠다는 것은 자세히 말하지 않았다. 하지만 神龍 년간에 절을 세운 이는 성덕(왕)이다."

일연은 A 기록에 보이는 신문왕·효소왕·성덕왕 삼부자와 관련된 설화를 이렇게 고증했다. 그가 말한 下文이 B 기록이다. 그는 정신대왕은 신문왕이 확실하며, 신문왕의 두 아들 효소와 성덕이 오대산과 인연이 있으며, 孝明이 바로 신라 제32대 왕으로 692~702년까지 재위한 孝昭王으로 보았다.

또한 기록이 효명이 즉위한 것만 말하고 신룡 원년(705)에 절을 세운 성덕왕에 대한 언급은 하지 않았다고 정확히 지적했다. 일연은 寶川이 성덕왕임을 확신하고 이러한 언급을 한 것 같다. 즉 그는 寶川도 형 효소왕이 702년 사망한 후에 즉위한 성덕왕으로 보았다. 그의 견해에 따른다면 寶川도 오대산에 있다가 그해에 왕경으로 돌아가서 신라 제33대 왕(재위 702~737)으로 즉위했고, 재위 4년째 되는 705년에 명주·강릉 지역의 오대산으로 직접 가서 절을 세웠다는 것이 된다.

寶川이 효소왕과 성덕왕의 또 다른 형제일 수도 있다. 『삼국유사』

권3, 탑상4「대산 오만진신」조의 아랫부분에 그가 왕경으로 돌아가지 않고 그곳에서 죽었다는 기록이 있고, 국가를 위해 그가 남긴 유언에 대한 장문의 기록도 있다. 여기에 이어지는『삼국유사』권3, 탑상4「溟洲 五臺山寶叱徒太子傳記」조에 50년 이상 오대산에서 도를 닦았다는 기록도 전해진다. 그래도 필자는 일연의 고증이 그렇게 허술하지 않다고 생각한다.8) 위의 기록들이 신문왕-효소왕-성덕왕 삼부자의 이야기를 전하는 것으로 보고 싶다.

『삼국유사』권3, 탑상4「대산 오만진신」조의 기록 뒷부분의 일부를 보자.

c.

　(성덕왕은) 이곳에 이름 있는 (승려) 知識·靈卞 등 다섯 명으로 하여금 화엄경을 오래 轉讀하게 하고, 華嚴社를 조직하여, 오랫동안의 사용할 비용으로, 해마다 봄과 가을에 이 산에서 가까운 州縣으로부터 倉租 1백석과 淨油 한 섬을 바치도록 규칙으로 정했으며, 眞如院에서 서쪽으로 6千步쯤 되는 矣尼岾 古伊縣 밖에 이르기까지의 시지(柴地) 산판15결과 밤나무 숲 6결, 전답 2결을 주어 처음으로 壯舍를 두었다.

성덕왕은 705년 이 지역에 와서 자신이 세운 사찰이 지속적으로 운영될 수 있도록 경제적 기반을 마련해 주었다. 그렇다면 해마다 봄과 가을에 그 사찰에 창조 1백석과 정유 한 섬을 바치도록 한 오대산에서 가까운 州·縣은 어디인가? 그것은 명주·강릉일 가능성이 매우 크다. 이는 강릉 태수로 부임해 왔던 순정공과 관련하여 주목되는 기록이다.

주지하다시피『삼국유사』는 김순정이 강릉 태수로 부임해가는 시기

---

8) 신종원은 이러한 일연의 해석들을 궁색한 발상이라 비판했다.(신종원「신라 오대산사적과 성덕왕의 즉위배경」,『최영희화갑한국사학논총』탐구당 1987, 92~96쪽). 이보다 앞서 忽滑谷快天과 三品彰英은 일연의 해석을 타당한 것으로 받아들였다.(忽滑谷快天,『朝鮮禪敎史』1930;정호경 역, 1978, 130쪽. 三品彰英,『新羅花郎の研究』1943;『三品彰英論文集』6, 130쪽[신종원 앞의 논문 재인용].).

를 "성덕왕 대(702년~737년)"라고 명기하고 있다. 725년(성덕왕 24) 세상을 뜨기 전에 김순정은 신라 2관등인 '이찬'이었다.9) 김순정이 강릉 태수로 부임해갈 때는 13위 사지에서 6위 아찬 사이의 관등을 가졌다고 할 수 있다.10)

사망 당시 이찬으로 '상재'의 자리에까지 올랐다.11) 신라의 宰相에는 大宰相·上宰와 次宰相·二宰 그리고 第三宰相이라는 존재가 보인다. 이는 재상에 서열이 있었음을 의미한다.12) 上宰 아래에 二宰가 있었고, 그 아래에 三宰가 있었다고 볼 수 있다. 上宰는 宰相 가운데서도 가장 높다. 上宰는 신라귀족회의 의장인 上大等이나 국왕 직속 집사부의 장관인 侍中 보다 上位에 있는 최고 집정관의 호칭이었다.13)

『삼국사기』와『삼국유사』·『속일본기』등의 기록들을 종합해 볼 때 김순정은 성덕왕이 즉위한 702년에서 그가 사망한 725년까지 23년 사이에 태수에서 상재까지 진급한 것이다. 성덕왕의 총애 없이 그것은 불가능하며, 조정에서 그의 활약은 컸다고 할 수 있다.

『삼국사기』권40, 직관지 하 外官 조를 보면 '태수'에 관한 다음과 같은 관등 규정이 있다.

"郡太守는 115명 이었다. 관등이 舍知(13관등)에서 重阿湌(6관등)인 자로 임명한다."

정원이 115명인 태수는 높지 않은 관직이다. 김순정의 최종 관등과

---

9) 『삼국사기』권9,「景德王-원년」조, "景德王立. 諱憲英, 孝成王同母弟. 孝成無子, 立憲英爲太子, 故得嗣位. 妃伊湌順貞之女也."
『속일본기』권9, 神龜 3년(726) "貢調使薩湌 金奏勳等奏稱. 順貞以去年六月卅日卒…."
10) 윤영옥, 앞의 책, 165쪽.
11) 『속일본기』권9, 神龜 3년(726) 秋7월 戊子 조.
『속일본기』권33, 寶龜 5년(774) 3월 癸卯 조.
12) 木村誠,「新羅の宰相制度」,『人文學報』118, 東京都立大學 人文學部, 1977, 25~37쪽 참조.
13) 鈴木靖民,『古代の朝鮮』學生社, 1974, 185쪽.

직책을 고려해볼 때 그의 초임 관직은 태수에서 시작한 것으로 보인다. 김순정은 성덕왕이 즉위한 702년 직후 봄날에 강릉 태수로 발령을 받았을 것이다.14) 현지 부임에 부인 수로와 동행한 것은 장기근무를 의미한다.

705년 성덕왕이 명주 오대산에 백관을 거느리고 와서 진여원을 고쳐 세웠을 때 김순정은 강릉태수로 재직하고 있었을 가능성이 있다. 어쩌면 그가 해마다 봄과 가을에 창조 1백석과 정유 한 섬을 공급하는 일을 최초로 담당했을 수도 있다. 여기서 젊은 시절 김순정과 성덕왕의 관계가 상정된다.

2. '명주·강릉'지역과 武列王家

앞에서 명주·강릉 지역에 있는 오대산이 태종무열왕의 증손인 효소왕과 성덕왕이 인연이 깊은 곳임을 살펴보았다. 그렇다면 강릉 태수로 부임한 순정공은 왕실과 어떠한 관계일까. 여기에 대해서는 뒤에 언급하고, 먼저 김순정 이후의 강릉지방과 무열왕계의 관계에 대해 살펴보자.

김순정의 손자인 김옹이 신라의 집정자로 있었던 시대였다.15) 『삼

---

14) 이주희, 「'水路'夫人 설화 창작의 시공간-〈헌화가〉를 중심으로-」, 『중대어문논집』 55, 2013. 필자는 위의 논문에서 수로부인의 남편이 지켜보는 가운데 노인은 순수한 마음으로 헌화를 했다고 보았다. 이점에 대해서는 박노준 교수의 지적이 이미 있었다(박노준, 「헌화가의 현대적 변용」(古典의 멋) 73쪽;〈헌화가〉『新羅歌謠硏究』 열화당 1982). 註를 달지 않은 것은 본인의 불찰이다.
15) 『속일본기』권33, 寶龜 5년(774) 3월 癸卯 조, "新羅國使 礼府卿 沙湌 金三玄 이하 235人,(九州) 大宰府에 도착하였다. … 三玄이 말하였다. 本國王의 敎를 받들어 옛날의 우호를 닦고 사신 방문을 청하기 위함이다. 아울러 우리나라의 信物과 在唐大使 藤原河淸의 書를 가지고 來朝했습니다.… 本國(신라) 상재 김순정 때에 舟와 楫가 서로 잇대어졌으며 항상 職貢을 닦았다. 지금 其孫 金邕이 계승하여 (신라에서) 집정하고 있다. 그는 가문의 명성을 좇아서 (일본조정을) 供奉하려는 마음을 먹고 있다. 이로 말미암아 옛날의 우호를 다시 닦고 사신의 방문을 요청하려는 것이다."

국유사』권2 기이2 「혜공왕」조를 보자.

"같은 해(768) 7월 3일에 각간 大恭이 賊徒가 되어서 일어나고, 서울과 5도 주군의 96각간이 서로 싸워서 나라가 크게 어지러워졌다. 각간 대공의 집이 멸망하니 그 집의 재산과 보물, 비단 등을 왕궁으로 옮겼다. 新城의 長倉이 불에 타므로 사량·모량 등의 마을 안에 있던 역적들의 보물과 곡식을 역시 왕궁으로 실어 들였다. 병란은 3달 만에 끝났다. 상을 받은 사람도 많고 죽음을 당한 사람도 헤아릴 수가 없었다…."

『삼국사기』권9, 신라본기 「혜공왕」 조에 연이은 반란을 다음과 같이 기록하고 있다.

4년(768) 7월 조 "일길찬 大恭이 아우 아찬 大廉과 함께 군사를 일으켰는데, 무리를 모아 33일간 왕궁을 에워쌌으나 왕의 군사가 이를 쳐서 평정하고 9족을 목 베어 죽였다".
6년(770) 8월 조 "대아찬 金融이 반란을 일으켰다가 목 베여 죽임을 당했다."
11년(775) 6월 조 "이찬 金隱居가 반란을 일으켰다가 죽음을 당하였다."
8월 조 "이찬 廉相이 (전)시중 正門과 함께 반역을 꾀하다가 목 베여 죽임을 당했다."

768년 대공의 반란은 지방으로 확대되었다. 그리고 왕경에서 반란이 연이어 일어났다. 신라 100년의 평화가 깨졌다. 이기백은 대공의 반란은 혜공왕과 그 일파를 축출하려는 운동이었고, 혜공왕의 초년을 지배하고 있던 경덕왕에 의하여 표징되는 정치적 성격 곧 중대적 성격의 부정을 의미한다고 했다.[16]

『삼국사기』권9, 혜공왕 16년(780) 조를 보면 정월부터 누런 안개가 끼었고, 2월에 흙비가 쏟아지는 가운데 金志貞이 반란을 일으켰다.[17]

---

16) 李基白, 「新羅 惠恭王代의 政治的 變革」, 『新羅政治社會史硏究』 일조각 1974. 참조.

그는 사람들을 모아 왕궁을 포위했고, 이윽고 궁의 문을 부수고 들어가 궁궐을 장악했다. 반란군이 궁을 점령하고 있었다. 그 두 달 동안 궁 내부에서 일어난 일에 대한 기록은 전혀 없다.

 반란군이 왕성을 점령하고 있는 가운데 상대등 金良相은 金敬信과 함께 외부에서 군대를 일으켰다. 『삼국사기』 기록을 보면 780년 4월에 상대등 김양상이 이찬 김경신과 함께 군대를 끌고 와서 김지정의 반란군을 진압했다고 한다. 그때 혜공왕과 그 왕비는 고인이 되어 있었다. 물론 김옹에 대한 기록도 전혀 보이지 않는다. 그도 이 시기를 전후하여 사망했을 가능성도 있다.

 김양상이 신라 제37대 국왕 선덕왕(780~785)으로 즉위했다. 혜공왕 대인 771년 완성된 <성덕대왕신종> 명문 혜공왕 7년(771)에 김옹을 이어 2인자로 김양상이 보인다.

檢校使 兵部令 兼 殿中令 司馭府令 修城府令 監四天王寺府令 幷 撿校眞　　智大王寺使上相大角干臣 金邕	검교사 병부령 겸 전중령 사어부령 수성부령 감사천왕사부령 병 검교진　　지대왕사사상상대각간신 김옹
檢校使 肅政臺令 兼 修城府令 檢校感恩寺使 角干 臣 金良相	검교사 숙정대령 겸 수성부령 검교감은사사 각간 신 김양상

 각간 김양상은 감찰기관인 '肅正臺'의 장으로서 봉덕사 성전의 검교사와 수성부령, 검교감은사사를 겸하고 있다. 『삼국유사』 왕력을 보면 김양상의 어머니 四召夫人이 성덕왕의 딸로 명기되어 있다. 아버지 金

---

17) 『삼국사기』권9, 혜공왕 16년(780) 조, 봄 정월에 누런 안개가 끼었다. 봄 2월에 흙이 비처럼 내렸다. 왕은 어려서 왕위에 올랐는데 장성하자 음악과 여자에 빠져 나돌아 다니며 노는데 절도가 없고 기강이 문란해졌으며, 천재지변이 자주 일어나고 인심이 등을 돌려 나라가 불안했다. 여름 4월에 상대등 金良相이 이찬 敬信과 함께 군사를 일으켜 金志貞 등을 죽였으나, 왕과 왕비는 반란군에게 살해되었다. 양상 등이 왕의 시호를 惠恭王이라 했다.…

孝芳은 성덕왕의 사위였고, 어머니 사소부인은 경덕왕의 누이이자 혜공왕에게는 고모였다.

김양상은 혜공왕의 고종사촌이었다. 그는 외삼촌 경덕왕 아래에서 시중을 역임한 바 있으며, 혜공왕 10년(774)에 상대등에 취임했다. 그는 김옹이 집정하고 있던 시기에 혜공왕 정권을 유지해갔던 중요한 인물 가운데 하나였다.

그에게는 아들이 없었다. 후계자로 내정된 사람은 무열왕계의 金周元이란 인물이다.[18] 김주원이 무열왕계의 후손이라는 것이 가장 주효했던 것 같다. 선덕왕의 왕위계승에 최고의 공을 세운 김경신(元聖王)은 한 발 멀리 떨어져 있었다.

『삼국유사』권2, 기이2「원성대왕」조를 보면 "이찬 김주원이 처음 上宰가 되고 왕(김경신)은 각간으로 二宰로 있었는데, 어느 날 김경신이 심상치 않은 꿈을 꾸었다. 어떤 자는 흉몽이라고 하였으나 아찬 餘山이라는 사람은 왕이 되는 길몽이라고 해몽하였다." 이에 김경신이 "위에 周元이 있는데 내가 어찌 上位에 오를 수 있단 말인가?"라고 했다. 과연 선덕왕이 죽고 왕위계승에 중요한 변수가 발생했다. 이어지는 기록을 보자.

> "얼마 지나지 않아 선덕왕이 세상을 떠나자, 나라 사람들이 金周元을 왕으로 받들어 장차 궁으로 맞아들이려 했다. 그의 집은 北川 북쪽에 있었는데 갑자기 냇물이 불어서 건널 수가 없었다. 이에 왕이 먼저 궁에 들어가 왕위에 올랐다. 上宰의 무리가 모두 와서 그를 따랐으며, 새 임금에게 경배하고 축하를 드리니 이가 원성대왕이다. 왕의 이름은 敬信이요 성은 김 씨이니 대개 길몽이 맞았다. 周元은 溟州에 물러가 살았다."[19]

김경신이 신라 제38대 元聖王(재위 785~798)으로 즉위했다. 김경

---

[18] 『삼국사기』권44, 열전4, 「김양」조, "金陽은 자가 魏昕이고 태종대왕의 9세 손이다. 증조부는 이찬 周元, 조부는 소판 宗基, 아버지는 파진찬 貞茹이며,…"
[19] 『삼국유사』권2, 기이2「원성대왕」조.

신이 김주원을 제치고 왕위를 차지한 것에는 모종의 억지나 음모가 있었던 것 같다. 왕위계승에서 밀려난 김주원은 명주·강릉지역으로 은퇴했다. 아무런 연고가 없는데 어떻게 그곳으로 갈 수 있을까. 『동국여지승람』권44, 「강릉 대도호부」인물 조를 보자.

> 신라 金周元은 太宗王의 후손이다. 당초에 宣德王이 죽고 후사가 없으므로, 여러 신하가 貞懿太后의 교지를 받들어, 주원을 왕으로 세우려고 하였다. 그러나 왕족 上大長等 敬信이 뭇사람을 위협하고, 먼저 궁에 들어가서 왕이 되었다. 주원은 화가 두려워서 명주로 물러가고 서울에 가지 않았다. 2년 후에 주원을 溟州郡王으로 봉하고 溟州·三陟·斤乙於·蔚珍 등 고을을 떼어서 食邑으로 삼게 하였다. 子孫이 인하여 府를 貫鄕으로 하였다. 金宗基는 주원의 아들인데 대를 이어 왕이 되었다. 金貞茹는 종기의 아들이다. 비로소 조정에 벼슬하여 上大等에 이르렀고, 溟源公으로 봉함을 받았다. 金陽은 정여의 아들이다. 金明(민애왕)의 반란 때에 神武王을 도와서 사직을 안정시켰다. 벼슬이 시중 겸 병부령에 이르렀고, 죽은 뒤에 溟源郡王으로 봉하게 되었다.

787년 원성왕은 김주원을 명주군왕으로 봉하고 그 지역을 식읍으로 주었다고 한다. 김해 가야 출신인 김유신 가문의 경우를 보자. 증조부 구해왕이 투항하자 신라왕은 그에게 김해 지역을 식읍으로 주었다.[20] 여기서 식읍 사여는 김해 가야왕의 구 지배권을 신라조정이 공식적으로 인정한 것을 의미한다. 원성왕의 식읍 사여도 마찬가지라고 여겨진다. 왕위를 탈취한 원성왕으로서는 명주·강릉지역을 김주원에게 식읍을 사여하는 형식으로 그의 조용한 은퇴를 공식적으로 인정한

---

20) 『삼국사기』권4, 법흥왕 19년 조, "金官國主金仇亥, 與妃及三子 長曰奴宗·仲曰武德·季曰武力, 以國帑寶物來降. 王禮待之, 授位上等, 以本國爲食邑. 子武力仕至角干."(19년, 금관국주 김구해가 왕비 및 그의 세 아들인 맏아들 노종, 둘째 아들 무덕, 막내아들 무력과 함께 금관국의 보물을 가지고 항복하여 왔다. 왕이 예에 맞게 그를 대우하여 상등 직위를 주고, 금관국을 그의 식읍으로 주었다. 아들 무력은 벼슬이 각간에 이르렀다).

것으로 보인다.21) 위의 기록에서 "子孫이 인하여 府를 貫鄕으로 하였다."고 하고 있다. 그곳은 자손들에게 상속되었다.

『삼국유사』 권3, 탑상4 「조신」조에도 무열왕가와 명주 강릉지역의 관련성이 보인다.

> "옛날 서라벌이 서울이었을 때 세달사의 莊園이 溟州 내리군에 있었는데 본사에서 僧 調信을 보내 장원을 관리하게 하였다. 조신이 장원에 와서 (太)守 金昕公의 딸을 좋아해서 아주 반하게 되었다."

「조신」은 소설적인 성격이 있다.22) 하지만 이 글에서 김주원의 증손인 金昕이 태수로 등장하는 것은 이상한 것은 아니다. 「조신」이 꾸며낸 소설이었다고 하더라도 그의 등장은 자연스럽다. 『삼국사기』 권44, 「김양」조에 소개된 김흔은 김주원의 증손 김양의 從父兄으로 璋如의 아들이었다.23)

김흔에 관한 '금석문' 기록이 있다. 충남 보령에 있는 자신의 사찰 (성주사)을 낭혜에게 희사할 때 그 부근의 토지도 함께 희사했다. 保寧「聖住寺朗慧和尙碑文」을 보자. 아래는 김흔이 낭혜대사와 나눈 대화이다.

> "지금 熊川의 坤隅(西南間의 南浦)사찰 하나가 에 있는데 이는 나의 조

---

21) 강릉 김씨족보에 의하면 김주원의 가계는 武烈-文王-大莊-思仁-惟正-周元으로 이어지고 있다. 『삼국사기』를 보면 사인과 유정은 경덕왕 대 중앙에서 고위 관직에 있다가 물러난 인물들이다. 여기에 대해 김정숙은 김주원의 할아버지와 아버지가 중앙정계에서 실각을 했고, 이후 김주원이 강릉지방세력과 결탁하게 되었다고 보았다.(김정숙,「金周元世系의 成立과 그 變遷」,『白山學報』 28, 1984.)
22) 오대혁,「調信傳의 구조와 형성배경」,『한국문학연구』 20, 1998, 349~386쪽.
23) 『삼국사기』 권44,「김양」 "從父兄昕, 字泰, 父璋如, 仕至侍中波珍湌. 昕幼而聰悟, 好學問. 長慶二年, 憲德王將遣人入唐, 難其人, 或薦昕太宗之裔."(김양의 종부형 흔은 자가 태이며 부친 장여는 벼슬이 시중 파진찬에 이르렀다. 흔은 어려서부터 총명하고 영특하였으며 학문을 좋아하였다. 장경 2년에 헌덕왕이 당에 사신을 보내려 했으나 적당한 사람이 없었다. 어떤 사람이 김흔을 추천하면서 말하기를 그는 태종의 후예요)…."

상 臨海公이 예맥(고구려)을 정벌한 공으로 봉토로 받은 곳입니다. 그사이 화재를 당하여 사찰이 반쯤 재가 되었으니, 자비롭고 현명하신 이가 아니고 서는 누가 다시 일으켜 세울 수 있겠습니까?" 대사가 대답하기를 "인연이 있으면 가서 머물러야겠지요." 하였다.

위의 기록에서 다음 두 가지 사실을 알 수 있다. 먼저 김흔이 臨海公의 자손이라는 것이다. 주지하다시피 임해공은 태종무열왕의 차남이자 문무왕의 바로 아래 동생인 金仁問이다.24) 여기서 金周元 집안이 김인문의 후손이라는 사실을 짐작할 수 있다.25)

다음으로 김흔이 선조인 김인문으로부터 물려받은 토지가 충남 보령지역에도 있었다는 것을 알 수 있다. 위의 기록에서 알 수 있듯이 그것은 고구려를 정벌한 공으로 받은 것이라고 한다. 668년 신라가 고구려를 멸망시킨 직후, 대규모 목장 재분배가 있었다. 『삼국사기』권6, 「문무왕」9년(669) 조에 목장 재분배 기사를 보자.

(왕이) 말을 기르는 목장 174곳을 나누어 주었다. 所內에는 22속, 관청에는 10곳을 속하게 하였고, 태대각간 유신에게 6곳, 대각간 인문에게 5곳, 각간 일곱 명에게 각각 3곳, 이찬 다섯 명에게 각각 2곳, 蘇判 네 명에게 각각 2곳, 파진찬 여섯 명과 대아찬 열두 명에게는 각각 1곳씩 나누어 주고, 그 아래 74곳은 적절하게 나누어 주었다.26)

그 재분배 내용을 보면 왕실에 22개소, 관에 10개소, 김유신과 김인문을 비롯한 대아찬 이상의 진골 귀족들에게 68곳이 부여되었고, 나머지 74개소는 대아찬 이하의 귀족들에게 지급되었다. 김인문에게는

---

24) 『삼국사기』권7, 문무왕 14년(674) 봄 정월 조를 보면 "왕의 동생 右驍衛員外大將軍 臨海郡公 金仁問"이라 기록하고 있다.
25) 李基東, 「新羅下代 王位繼承과 政治過程」, 『新羅 骨品制社會와 花郎徒』일조각 1984.
26) 『삼국사기』권6, 「문무왕」9년(669) 조, "領馬陡九 一百七十四所, 屬所內二十二, 官十, 賜庾信太大角干六, 仁問太角干五, 伊湌五人各二, 蘇判四人各二. 波珍湌六人 大阿湌十二人各一, 以下七十四所, 隨宜賜之."

5개의 목장이 분배되었다. 김유신이 6곳을 받은 것을 보면, 그는 김유신 가문에 준하는 위상을 가지고 있다. 당시 문무왕의 동생 김인문은 이미 독립 가문을 형성하고 있었고, 그의 동생 5명보다 높은 위상을 가지고 있다고 할 수 있다. 그와 형제들에 대해서는 뒤에 언급하겠다.

김흔이 상속받은 보령지역이 5개 목장 가운데 하나라고 단정할 수 없다. 하지만 김인문이 하사받은 영지 가운데 하나일 수는 있다. 김흔도 민애왕 대에 伊湌相國까지 오른 거물급 정치인이었다. 김흔이 보령지역에 상속받은 영지를 가지고 있었다는 것이 「조신」조에 보이는 기록과 상충하는 것일까. 속단은 이르다. 김흔의 사촌 金陽(=魏昕)도 성주사에 토지를 희사했다.27)

즉 김양이 성주사 개창에 중요한 후원자가 될 수 있었던 것은 그의 토지가 충남 보령 부근에 있었기 때문일 것이다. 김흔의 종부 형인 김양도 김인문의 자손이다. 김인문은 통일 후 신라의 영토가 확장되는 과정에서 전국 각지에 많은 영지를 사여 받았을 가능성이 크며, 김흔과 김양에게도 그 일부가 상속되었을 것이다.

위의 『동국여지승람』권44, 「강릉 대도호부 인물」조의 기록에서 알 수 있듯이 김양은 死後 명주·강릉지역의 溟源郡王으로 봉해졌다. 이는 그가 김주원의 후손으로 작위 상속 자격이 있었기 때문일 것이다.

현재에도 강릉 김씨는 김주원을 시조로 하는 족보를 가지고 있으며, 여기에 김양의 이름이 올라있다. 무열왕 이례로 명주·강릉 지역은 왕실의 직영지였다고 생각되며, 김주원은 그곳을 무열왕의 아들 김인문으로 이어지는 선조로부터 물려받았던 것으로 보인다.

한편 역사학계에서는 상재를 역임한 김순정이 효소왕과 성덕왕의 장인인 金順元과 아주 가까운 관계라고 보고 있다. 浜田耕策(하마다 고사쿠)은 순원 일족과 순정 일족은 극히 가까운 '동족'이라고까지 표

---

27) 金入之 撰「聖住寺碑」, "(결락)金殿 歎無佛像 頓捨家財(결락)租稻充入 鑄像工價 魏昕(김양)伊湌(결락)奉鑄丈六世尊像(결락)…." ; 曹凡煥, 「朗慧無染과 聖住寺의 創建」, 『新羅禪宗史硏究』 일조각(西江大 人文科學硏究所 人文研究傳刊 제44집), 2001, 49쪽 참조.

현하고 있다.28) 그가 '형제'라고 굳이 표현하지는 않았지만 그렇게 짐작하고 있는 것 같다.

또한 주보돈은 김순원을 신문왕(681~692)의 동생으로 보고 있다. 700년 5월에 이찬 慶永은 반역을 도모하다가 죽임을 당했다. 집사성 중시였던 김순원은 이 일에 연좌되어 파면 당했다.29) 모반에 연루되었음에도 죽음을 면한 점은 일급 근친 왕족이 아니면 불가능하며, 기록은 없지만, 문무왕(661~680)에게 신문왕 이외에 또 다른 자식이 있었을 것이며 그가 곧 김순원일 가능성이 있다는 것이다.30)

700년 파면된 김순원은 이후 화려하게 재기하였다. 『삼국유사』권1 왕력을 보면 "聖德王… 後妃는 占勿王后로 諡號는 炤德이며 順元角干의 女"라고 기록되어 있어 순원이 성덕왕의 장인이 되었음을 알 수 있다.31) 그 시기는 701년이었다. 『삼국사기』권8 성덕왕 19년(720) 3월 조를 보면 "이찬 順元의 女을 맞아들여 왕비로 삼았다."라고 하고 있다. 그리고 그는 성덕왕의 아들인 효성왕 대에도 같은 지위를 누렸다. 『삼국사기』권9 효성왕 3년(739) 3월 조에 "이찬 순원의 딸 惠明을 맞아들여 왕비로 삼았다."라고 하고 있어 효성왕의 장인이 된 사실이 확인된다. 그가 성덕왕~효성왕 대 최고 실력자였음을 알 수 있다.

신문왕과 김순원이 형제이고 나아가 김순정이 김순원의 형제라면 신문왕-김순원-김순정은 문무왕의 아들 3형제가 된다. 하지만 결정적인 증거 없이 이것을 결코 단정할 수 없다. 다만 김순정이 왕실과 가까운 근친 왕족으로 역사학계에서 짐작하고 있다. 김순정은 김인문의 자손이거나 아니면 문무왕의 자손일 수도 있다.

---

28) 浜田耕策, 「新羅の聖德王神鍾と中代王室」, 『呴沫集』 3, 1981; 『新羅國史の研究』 吉川弘文館, 2002, 189쪽. 이영호, 「新羅의 王權과 貴族社會-중대 국왕의 혼인 문제를 중심으로」, 『신라문화』 22, 2003, 82쪽. 註137 참조.
29) 『삼국사기』권8, 효소왕 9년(700) 5월 조, "慶永이 반역을 도모하다가 죽임을 당하고 中侍 順元이 연좌되어 파면을 당했다."
30) 주보돈, 「남북국시대의 지배체제와 정치」, 『한국사』 3, 한길사, 1994, 323쪽.
31) 『삼국유사』 규장각본에는 '순우(順尤)'로 되어있으나, 동경제국대학영인본·속장경본·조선사학회본·최남선교주본·이병도역주본·권상로역해본·三品彰英遺撰本에는 '順元'으로 되어 있다.

특정 지방관의 부임 지역이 그의 영지와 관련이 있다는 연구가 일찍부터 있었다. 이기동은 신라하대에 장흥 보림사 불사에 심혈을 기울였던 長沙縣 부수 金遂宗이 金入宅32)의 하나인 長沙宅이 친정인 景明王妃의 조부인 金水宗과 동일인이었을 가능성이 크며, 長沙宅의 택호도 그가 부수로 재직한 바 있는 무주 長沙縣에서 연유한 것으로 보고 있다. 근친 왕족으로 생각되는 김수종이 국가로부터 식읍 내지 녹읍을 받았을 것이 틀림이 없고, 장사현에 김수종이 지방관으로 재직한 것은 그곳에 자신의 영지가 있었기 때문이라고 한다.33)

한편 서의식은 김유신 가문의 예를 들어 신라 귀족들은 지방에 지배지역을 다수 가지고 있었다고 보았다. 김유신의 조부인 김무력은 진흥왕 대 새로 정복한 新州 군주로 있을 때 鎭川(萬弩郡)과 報恩(三年山郡)에 대한 실질적 지배권을 가지게 되었다는 것이다. 김유신의 아버지 김서현이 만노군의 태수로 부임하여 그곳에서 김유신을 낳았고, 김유신의 아들 三光이 가문을 대를 이어 섬긴 裂起를 임의로 삼년산군의 태수로 임명할 수 있었던 것도 이러한 맥락에 이해된다고 한다.34) 여기서 신라의 지방 태수 부임지는 당사자 집안의 영지일 가능성을 엿볼 수 있다. 김순정이 강릉 태수로 부임하게 된 것은 그곳에 영지를 가지고 있었던 무열왕계이기 때문으로 여겨진다.

---

32) 『삼국유사』권1, 기이1 「辰韓」 조에 기록된 金入宅으로 財買井宅(김유신 종가)을 비롯해 池上宅, 北維宅, 南維宅, 長沙宅, 上櫻宅, 下櫻宅, 楊上宅, 漢岐宅, 鼻穴宅, 板積宅, 金楊宗宅, 柳也宅, 寺下宅, 井上宅, 衙南宅, 池宅, 寺上宅, 橋南宅, 樓上宅 등이 있다. 재매정택을 보면 金入宅은 중대에도 존재하고 있었다. 金入宅은 광대한 田莊을 소유하고 수많은 노비와 사병을 거느렸던 진골귀족들의 막대한 재력과 호사스러운 생활을 반영한다고 한다.
33) 李基東, 「新羅 金入宅考」, 『新羅 骨品制社會와 花郎徒』 일조각, 1984, 190쪽, 같은 쪽 註20) "경주 都內 지역으로 생각되는 鄕에 郡縣名과 일치하는 鄕名이 8개가 보인다."
34) 徐毅植, 「新羅 中古期 六部의 部役動員과 地方支配」, 『韓國史論』 23, 서울대 국사과 1990, 117~121쪽.

3. 무열왕의 후손 水路夫人

신영명은 "중대 전제왕권의 기틀을 연 무열왕계는 이후 족내혼 근친혼 왕위계승의 장자상속 등의 배타적 권력 독점 책을 통해,… 전제왕권의 안정을 도모해 갔다."고 역사학계의 견해를 소개했다. 그는 족내혼과 근친혼에 주석을 달아『신당서』「신라전」에 보이는 다음의 기록이 당대 사정을 알려주는 사료로 자주 이용되었다고 했다.35)

其建官, 以親屬爲上, 其族名第一骨, 第二骨以自別. 兄弟女, 姑, 姨, 從姉妹, 皆聘爲妻.
王族爲第一骨, 妻亦其族, 生子皆爲第一骨, 不娶第二骨女, 雖娶, 常爲妾媵. 官有宰相, 侍中, 司農卿, 太府令, 凡十有七等, 第二骨得爲之.

위의 기록을 해석하면 다음과 같다. 建官은 (국왕의) 親屬으로 上을 삼는다. 그 족을 제1골이라 하는데 제2골과 구별한다. 형제의 딸·姑(고모)·姨(이모)·4촌 자매를 모두 처로 삼는다. 왕족은 제1골이고, 처 역시 같은 족이며, 그사이 태어난 자식은 제1골이며, 제2골을 처로 취하지 않는다. 비록 취하더라도 모두 妾媵으로 삼는다.

위의 기록에 주목한 김정애는 골품제의 규제가 동일한 신분의 異姓만을 혼인 배우자로 삼아야 하며, 그것이 그 자녀로 하여금 그 신분을 유지할 수 있는 명분이라고 했다. 결국, 골품제는 계급의 혈통을 유지하기 위한 수단이라고 하면서 수로부인과 순정공 사이의 부부관계는 신라의 골품제와 맞물려 있으며, 그 자식이 혈통의 고귀함을 확보하고 있다고 했다.36)

신라 골품제 사회에서 순정공과 수로부인이 같은 계급 신분의 부부일 가능성을 구체적인 사료를 제시해가며 언급했다는 점에서 그의 지

---

35) 신영명,「헌화가의 민본주의적 성격」,『어문논집』 37, 1998, 70쪽.
36) 김정애,「골품제를 통해 본〈獻花歌〉와〈海歌〉의 심리적 역할」,『겨레어문학』 26, 2007, 71~84쪽.

적은 의미가 있다. 무엇보다 그의 언급은 필자에게 둘 사이에 태어난 三毛夫人이 신라 제34대 효성왕 대(737~742) 太子(太弟)였던 경덕왕과 혼인했던 것을 상기시켜주고 있다.37)

『신당서』「신라전」의 위의 기록은 8세기 골품제의 일단을 이해하는 데 널리 이용되어 온 귀중한 사료이다. 당나라 사신의 일원으로 신라에 왔던 인물이 직접 견문한 사실에 근거하여 작성했기에 사실성이 대단히 높은 것으로 평가되고 있다.38) 『삼국사기』권9. 혜공왕 4년(768)년 조를 보자.

> 당나라 代宗이 창부낭중 歸崇敬에게 어사중승을 겸직시켜 보내, 부절과 책봉 조서를 가지고 와 왕을 開府儀同三司 신라왕으로 책봉하고 아울러 왕의 어머니 김 씨를 大妃로 책봉하였다.

768년 당나라 사신 귀숭경 일행이 신라의 왕경에 도착했다. 귀숭경의 종사관 중 한 명이었던 顧愔이 당시 신라 사회를 직접 견문한 바를 지금은 사라진 『新羅國記』라는 보고서로 남겼고, 그 보고서가 『신당서』「신라전」을 작성하는 자료로 이용되었다.39)

『신당서』자료는 신라의 왕족인 제1골 사이의 근친혼이 일반적이었고, 국왕은 1인의 제1골 출신 1인의 正妻만 거느렸다는 정보를 준다. 이는 중대의 신라 국왕의 이혼 사례가 말해준다.40) 삼모부인은 경

---

37) 『삼국사기』권9. 효성왕 3년(739) 5월 조, "파진찬 憲英(경덕왕)을 태자로 책봉하였다."
『삼국사기』권9. 경덕왕 즉위(742) 조, "경덕왕이 왕위에 올랐다. 이름은 헌영으로 효성왕의 친동생이다. 효성왕에게 아들이 없어서 헌영을 태자로 삼았던 까닭에 왕위를 이을 수 있었다. 王妃는 伊湌 順貞의 딸이다."
38) 朱甫暾, 「新羅骨品制社會とその變化」, 『朝鮮學報』 196, 平成17년(2005) 奈良. 78~88쪽.
39) 김부식도 『삼국사기』권4. 「진흥왕」 37년 조에 花郎에 관한 『新羅國記』의 기록을 소개하고 있고, 같은 책 권9, 경덕왕 14년 조에도 望德寺의 이름에 대한 『新羅國記』의 기록을 언급하고 있다. 김부식은 이 책을 당나라 令狐澄의 저술이라 하였으나, 그는 『大中遺事』를 찬술하면서, 『新羅國記』를 인용하였을 따름이다. 『新羅國記』는 현재 전해지지 않는다.

덕왕에게 불임을 이유로 이혼 당했다.41) 그녀가 이혼해주어 왕비의 자리를 비워야만 국왕은 또 다른 제1골의 정처를 맞이할 수 있었다.

그렇다면 1골이 중대 신라의 왕족이라면 2골은 어떤 신분인가. 『삼국사기』권9. 효성왕 4년(740) 8월 조를 보자.

> 파진찬 永宗이 반역을 꾀하다가 죽임을 당하였다. 이보다 앞서 영종의 딸이 後宮으로 들어갔는데, 왕이 그를 몹시 사랑하여 은총이 날로 더해지자 왕비(김순원의 딸 惠明)가 이를 질투하여 그 宗黨(집안사람들)과 모의하여 그녀를 죽였다. 영종은 왕비와 그의 친족들을 원망하였는데, 이로 인하여 반역을 일으킨 것이다.

740년 영종이 모반하다 伏誅되었다. 그의 딸이 後宮으로 왕의 사랑을 받자 당시 실력자였던 김순원의 딸인 혜명왕비의 질시를 받아 죽임을 당하려 하자 반란을 일으켰다. 영종이 파진찬인 것을 보면 그가 진골 귀족임이 확실하다. 그런데 그의 딸은 正妃가 될 수 없었다.

영종은 진골 귀족이었지만 당시 통용되던 왕실과 통혼권 밖에 있었다. 같은 진골이지만 근친 왕족이 아니라면 국왕과 정식으로 혼인할 대상이 되지 못했다. 진골 출신의 딸이 후궁이었다는 사실은 『신당서』

---

40) 이영호, 「新羅의 王權과 貴族社會-중대 국왕의 혼인 문제를 중심으로」, 『신라문화』 22, 2003, p.88.
주보돈, 「한국 고대사회 속 여성의 지위」, 『계명사학』 21, 2010. 74~75쪽.
신문왕 전처인 김흠돌의 딸은 정치적인 문제로 아이가 없는 상태에서 출궁 당했고, 왕은 신목왕후와 재혼하여 理洪·興光을 낳았다. 후처의 형제는 각각 효소왕(692~702)과 성덕왕(702~737)으로 즉위했다. 714년 성덕왕은 正妃인 성정왕후를 출궁시켰다. 그래도 성정왕후 소생의 아들 重慶은 715년에 태자에 봉해졌다. 하지만 태자는 717년에 사망했다. 720년 3월 성덕왕은 소덕왕후와 재혼했고, 承慶과 憲英을 낳았다. 후처의 형제는 각각 효성왕(737~742)과 경덕왕(742~765)으로 즉위했다. 경덕왕은 전처 삼모부인을 출궁시키고 만월부인과 재혼하여 乾運을 낳았다. 후처 소생 건운은 혜공왕(758~780)으로 즉위했다.
41) 『삼국유사』왕력 제35대 「경덕왕」조, "先妃 三毛夫人은 出宮하여 후사가 없다."
『삼국유사』권2, 기이2 경덕왕 「충담사 표훈대덕」조, "景德王은 玉莖의 길이가 여덟 치나 되었다. 아들이 없어 王妃(삼모부인)를 폐하고 沙梁夫人에 봉했다."

자료에서 "不娶第二骨女, 雖娶, 常爲妾媵."라고 한 것과 일치한다. 마찬가지로 이는 제2골이 宰相까지 진급할 수 있다고 한 것에서도 알 수 있다. 제2골이라 기록한 것은 그들이 진골 귀족이었기 때문이며, 진골 귀족 내부에서도 계층이 분화된 것을 반영한다. 국왕과 그 근친이 1골이라면 여기서 제외된 나머지 진골이 제2골이라 불렸던 것으로 보인다.[42)]

중대를 개창한 태종무열왕에게 정처 문희 소생의 자식이 많았다. 『삼국유사』권1, 기이「태종춘추공」조를 보자.

> 太子인 法敏, 角干 仁問·角干 文王·角干 老且·角干 智鏡·角干 愷元 등은 (김유신 누이)文姬가 낳은 아들들이다.… 庶子는 皆知文 級干·車得 令公·馬得 阿干이고 딸까지 합하면 다섯 명이다.

문희 소생의 아들은 대부분 角干이다. 그들이 최고의 관등에 오른 후의 기록이다. 庶子인 皆知文 級干, 車得 令公, 馬得 阿干 등은 진골 귀족만이 가질 수 있는 大阿湌에 오르지 못했던 것 같다. 위의『삼국유사』에는 김춘추의 정실 아들이 여섯 명만 보인다. 『삼국사기』권5, 태종무열왕 2년 조(655년)를 함께 보자.

> 맏아들 法敏을 太子로 삼고, 나머지 여러 아들 중에 文王을 伊湌으로, 老且를 海湌으로, 仁泰를 角湌으로 智鏡과 愷元을 각각 伊湌으로 삼았다.

맏아들 김법민을 태자로 책봉하면서 정처 소생 자식들에 대한 관등 진급이 있었다. 『삼국사기』기록에는 仁泰라는 아들 이름 하나가 더 보인다. 仁問이 기록에서 빠져 있는데 그 이유는 655년 당시 그가 당에 체류하고 있었기 때문이 아닌가 싶다. 당나라에 들어간 김춘추가 당태

---

42) 徐毅植,「新羅骨品制의 構造와 變化」,『韓國古代中世의 支配體制와 農民』지식산업사 1997.
朱甫暾, 앞의 책, 같은 쪽.

종에게 "신은 일곱 명의 아들이 있습니다."라고 했다.[43] 당나라 황제에게 밝힌 일곱 명은 정실 소생의 아들이었다. 나머지 皆知文, 車得, 馬得 등 첩 소생의 세 명은 김춘추의 관념 속에서 자식이 아니었다. 『삼국유사』와 『삼국사기』 두 기록을 종합해보면 태종무열왕에게 일곱 명의 적자와 세 명의 서자가 있었다는 것을 알 수 있다.

태종무열왕 아들 法敏, 仁問, 文王, 老且, 仁泰, 智鏡, 愷元 등 일곱 명과 그 자손들은 삼국 통일 후 문무왕 대와 신문왕 대를 거치면서 왕권이 안정되자 그 직계 비속에 권력이 집중되는 양상이 두드러져 갔다. 이런 와중에 김유신의 가문도 핵심에서 밀려났다.[44] 진골 귀족 내부에서도 태종무열왕의 자손들을 중심으로 새로이 특권화된 계층이 형성되었다. 이들은 특권의 확산을 막고 이를 영속화하기 위한 방편으로 그들만의 한정된 통혼권을 설정하여 뚜렷한 하나의 계층을 이루었다. '혜공왕과 그 어머니 김 씨는' 768년 당나라 사신이 신라에 와서 목격한 제1골인 것으로 생각된다.[45]

이제 김순정과 수로부인 사이에 태어난 삼모부인의 혼인에 대해 생각해 보자. 경덕왕은 태자 시절에 삼모부인과 혼인을 한 듯하다. 그녀의 부모는 그녀가 당대 왕위계승 제1 후보자와 결혼할 정도 높은 신분이었다. 부모, 순정과 수로가 경덕왕과 같은 근친왕족 제1골이었다는 것은 말해준다. 위의 『신당서』 자료에는 신라에서 형제의 딸, 고모와 이모, 종자매 등 극심한 근친혼이 있었다는 것을 말해주고 있다. 그렇다면 경덕왕과 삼모부인도 그러한 근친혼을 했다고 생각되며, 둘은 가까운 근친의 범위에 속한다고 할 수도 있다. 수로부인은 무열왕계 근친 왕족이었을 가능성이 크다.

---

43) 『삼국사기』 권5, 진덕왕 2년(648) 조, "…春秋奏曰, "臣有七子.…."
44) 『삼국사기』 권43, 김유신전, "允中은 성덕대왕 대 벼슬하여 대아찬이 되고 여러 번 왕의 은혜를 입었는데 왕의 親屬들이 자못 질투하였다."
45) 朱甫暾, 앞의 책, 같은 쪽.

4. 소결

　태종 무열왕의 증손인 효소왕과 성덕왕은 명주·강릉 오대산과 깊은 인연을 가지고 있었다고 『삼국유사』는 전하고 있다. 705년 성덕왕은 명주 오대산에 백관을 거느리고 와서 眞如院을 고쳐서 세웠다. 그리고 그 사찰의 경제적 기반을 마련해 주었다. 가까운 주현인 '강릉'에서 해마다 봄과 가을에 창조(倉租) 1백석과 정유(淨油) 한 섬을 공급하게 했다. 이는 강릉 태수였던 수로부인의 남편 김순정과 관련하여 주목된다.

　『삼국유사』는 김순정이 강릉 태수로 부임해가는 시기를 "성덕왕 대(702~737)"라고 명기하고 있다. 김순정은 태수에서 725년 사망 당시 이찬으로 '상재'의 자리에까지 진급해 있었다. 신라의 宰相, 上宰, 二宰, 三宰 가운데 가장 높은 자리까지 올랐다. 上宰는 신라 귀족회의 의장인 上大等이나 국왕 직속 집사부의 장관인 侍中보다 上位에 있는 최고 집정관의 호칭이었다.

　김순정은 성덕왕이 즉위한 702년에서 그가 사망한 725년까지 23년 사이에 태수에서 상재까지 진급한 것이다. 그의 진급을 고려할 때 지방 중급 관리인 태수는 그의 초임임을 암시한다. 그렇다면 김순정은 성덕왕이 즉위한 702년 직후 어느 봄날에 강릉 태수로 발령을 받았을 것이다.

　705년 성덕왕이 명주 오대산에 백관을 거느리고 와서 眞如院을 중수했을 때 김순정은 강릉 태수로 재직하고 있었을 가능성이 있다. 어쩌면 그가 해마다 봄과 가을에 진여원에 창조와 정유를 공급하는 일을 최초로 담당했을 수도 있다. 성덕왕의 강릉 행차와 왕을 맞이한 수로부인과 순정공의 모습이 그려진다.

　785년 김경신이 무열왕의 후손으로 유력한 왕위계승 후보자인 김주원을 제치고 왕위를 차지했다. 원성왕이 왕위를 계승한 후 김주원은 명주·강릉지역으로 은퇴했다. 787년 원성왕은 김주원을 명주 군왕으로 봉하고 그 지역을 식읍으로 주었다. 김해 가야 출신인 김유신 가문의 경우, 증조부 구해왕이 투항하자 신라왕은 그에게 김해지역을 식읍으로 주었다.

여기서 식읍 사여는 김해 가야왕의 구 지배권을 신라조정이 공식적으로 인정한 것을 의미한다. 원성왕의 식읍 사여도 마찬가지라 여겨진다. 왕위를 탈취한 원성왕으로서는 명주·강릉지역을 김주원에게 식읍을 사여하는 형식으로 그의 조용한 은퇴를 공식적으로 인정한 것으로 보인다. 명주·강릉지역은 김주원의 자손들에게 상속되었다.

『삼국유사』권3, 탑상4「조신」조에 김주원의 증손인 김흔이 태수로 등장한다. 김흔에 관한 금석문 기록인「聖住寺朗慧和尙碑文」을 보면 그는 자신이 臨海公 金仁問의 자손이었다고 하고 있다. 그렇다면 金昕의 증조부 김주원 또한 그의 후예이다. 김인문은 신라가 통일을 이룩한 후 전국에 걸쳐 막대한 영지를 사여 받았던 것으로 보이며, 강릉지방도 그의 영지 가운데 하나였던 것으로 생각된다.

한편 역사학계에서는 상재를 역임한 김순정이 효소왕과 성덕왕의 장인인 金順元과 아주 가까운 관계라고 보고 있다. 浜田耕策은 '형제'라고 굳이 표현하지는 않았지만 그렇게 짐작하고 있는 것 같다. 또한 주보돈은 김순원을 신문왕(681~692)의 동생으로 보고 있다. 700년 5월에 이찬 慶永이 반역을 도모하다가 죽임을 당했고, 집사성 중시였던 김순원은 이일에 연좌되어 파면 당했다.46) 그가 죽음을 면한 점은 일급 근친 왕족이 아니면 불가능하며, 기록이 없지만 문무왕(661~680)에게 신문왕 이외에 또 다른 자식이 있었을 것이며, 그가 김순원일 가능성이 있다고 했다.

신문왕과 김순원이 형제이고 나아가 김순정이 김순원의 형제라면 신문왕-김순원-김순정은 문무왕의 아들 삼형제가 된다. 역사학계에서는 김순정이 왕실과 가까운 근친 왕족으로 짐작하고 있다. 다만 결정

---

46) 『삼국사기』권8,「효소왕」9년(700) 5월 조. "慶永이 반역을 도모하다가 죽임을 당하고 中侍 順元이 연좌되어 파면을 당했다."

적인 증거가 없어 단정하지는 않았다.
 김순정은 김인문의 자손이거나 아니면 문무왕의 자손일 수도 있다. 그가 무열왕의 직계 후손이기 때문에 강릉 태수로 부임하게 된 것으로 보인다. 국왕은 왕실의 영지 관리를 가까운 혈육에게 맡기는 경향은 세계 보편적이다.
 삼국 통일 후 문무왕 대와 신문왕 대를 거치면서 왕권이 안정되자 그 직계비속에 권력이 집중되는 양상이 두드러져 갔다. 중대 신라는 태종무열왕의 아들 法敏, 仁問, 文王, 老且, 仁泰, 智鏡, 愷元 등 일곱 명과 그 자손들이 중심이 되어 나라를 지배했다. 그들이 제1골이었고, 무열왕의 후손 외에 다른 진골 귀족들은 2골이었다.
 진골 귀족 내부에서도 태종무열왕의 자손들을 중심으로 새로이 특권화된 계층이 형성되었다. 이들은 특권의 확산을 막고 이를 영속화하기 위한 방편으로 그들만의 한정된 통혼권을 설정하여 뚜렷한 하나의 계층을 이루었다. 1골인 무열계 남자들은 1골 무열계 여자와 혼인했다. 그래야 그사이에 태어난 자녀는 1골이 되었다. 진골이지만 근친 왕족이 아니라면 국왕과 정식으로 혼인할 대상이 되지 못했다. 진골 출신의 딸은 후궁이 되었다.
 경덕왕은 태자 시절에 삼모부인과 혼인을 했다. 수로부인과 순정공 사이에서 태어난 삼모부인은 당대 왕위계승 제1 후보자와 결혼할 정도로 높은 신분이었다. 순정과 수로는 경덕왕과 같은 근친 왕족 제1골이었던 것으로 보인다.
 『신당서』 자료에는 신라에서 형제의 딸, 고모와 이모, 종자매 등 극심한 근친혼이 있었다는 것을 말해주고 있다. 그렇다면 성덕왕의 아들인 경덕왕과 김순정과 수로부인의 딸인 삼모부인도 그러한 근친혼을 했다고 생각되며, 그것도 둘은 가까운 근친의 범위에 속했다고 할 수 있다. 수로부인은 무열왕계 근친왕족이었을 가능성이 크다.

III장.

水路夫人의 가족

水路夫人은 어떠한 삶을 살았을까. 그녀에 관해서는 『삼국유사』기이 「수로부인」조 이외에는 전하는 바가 없다. 물론 그녀가 언제 태어났고, 언제 세상을 떴는지도 알 수 없다. 다만 그녀가 남편 김순정(純貞公)을 따라 강릉으로 가서 살게 되었고, 왕경에서 남편의 태수부임지로 가는 와중에 그녀의 뛰어난 용모를 본 노인이 꽃을 꺾어 바쳤고, 용이 그녀를 납치했다는 이야기가 설화로 전한다. 이것이 전부이다.

반면 「수로부인」조에 보이는 그녀의 남편 순정은 많은 양은 아니지만 『삼국사기』·『속일본기』에 선명한 족적을 남겼다. 김순정은 멀리 일본에서도 신라의 집정으로 알려진 인물이기도 했고, 그의 혈육 金邕은 혜공왕 대에 영향력이 있는 정치인이었다. 김순정은 수로부인의 가족들이 누구인지 밝혀낼 수 있는 기록상의 매개고리이다.

먼저 김순정 집안에 대한 기존의 견해를 살펴보고, 김순정 '其孫' 김옹이 어떠한 혈육 관계인지 『속일본기』의 용례를 통해 검토해보고자 한다. 다음으로 김옹과 경덕왕의 후처이자 혜공왕의 어머니인 滿月夫人의 혈육 관계에 대한 기존 학계의 연구 성과를 소개하고 수로부인과 김순정의 사이에 나온 혈육들의 가계도를 그려보고자 한다. 마지막으로 수로부인과 김순정 둘 사이에 태어난 자녀들이 어떠한 삶을 살았고 활동을 했는지 살펴보고자 한다.

지금까지 국문학계에서는 수로부인의 가족 가계도를 복원할 시도를 하지 않았다. 역사학계의 관련 연구 성과가 있었음에도 그러했다.[1]

본고에서는 이러한 역사학계의 성과를 소개하고 그것을 비판적으로 검토하고자 한다. 수로부인의 가족들을 밝혀냄으로써 그녀에 대한 문학적 연구의 새로운 단초를 마련하고자 한다.

---

[1] 今西龍, 「聖德大王神鐘銘文」(未完考1926);『新羅史研究』京城 近澤書店, 1933. 鈴木靖民, 「金順貞·金邕論—新羅政治史の一考察」,『朝鮮學報』45, 1967. 李昊榮,「聖德大王神鐘銘 解釋에 대한 몇 가지 문제」,『考古美術』125, 1975;『新羅三國統合과 麗濟敗亡原因研究』서경, 1997. 濱田耕策,「新羅の聖德大王神鐘と中代の王室」,『响沫集』3, 1980;『新羅國史の研究』吉川弘文館, 2002. 金壽泰,「統一新羅期 專制王權의 崩壞와 金邕」,『歷史學報』99·100, 1983;『新羅中代 政治史研究』일조각, 1996. 李永鎬,「新羅의 王權과 貴族社會」,『新羅文化』22, 2003.

1. 金順貞 가문에 대한 기존견해

본장에서는 김순정과 金邕의 혈연관계에 대한 기존의 견해에 대해 검토를 하고자 한다. 편의를 위해 김옹에게서 시작하고자 한다.

김옹은 경덕왕 19년(760)에 시중이 되었다2)가 동왕 22년(763) 8월에 관직에서 물러났다.(侍中金邕免) 이후 같은 기록에서는 그의 관직에 대한 기록이 더 보이지 않는다. 김옹의 최종 관력에 대해서 771년에 주조된「聖德大王神鐘之銘」에 다음과 같이 나와 있다.

檢校使 兵部令 兼 殿中令 司馭府令 修城府令 監四天王寺府令 幷 撿校眞智大王寺使 上相大角干 臣 金邕	검교사 병부령 겸 전중령 사어부령 수성부령 감사천왕사부령 병 검교진지대왕사사 상상대각간 신 김옹

김옹은 성덕대왕신종지명에 의하면 병부령으로서 봉덕사성전의 검교사, 사천왕사성전의 감령, 진지대왕사성전의 검교사를 겸하고 있다

今西龍(이마니시 류)의 지적대로 김옹은 771년(혜공왕 7년)에 上相大角干으로 최상의 위계를 가지고 있었다. 그는 여러 관직을 겸하면서 성덕대왕 神鐘의 주조 사업을 주관하고 있었다. 검교사 병부령 겸 전중령·사어부령·수성부령·감사천왕사부령이고 동시에 검교진지대왕사사였다. 먼저 검교사 병부령에서 검교는 '성덕대왕신종이 주조된 것을 검교한다'는 뜻으로 김옹이 봉덕사성전의 검교사였으며, 병부령은『삼국사기』「직관지」에서 "병부령 1명……관등은 대아찬부터 태대각간에 이르기까지 될 수 있다. 또한 재상을 겸직할 수 있다." 라고 한 것에서 上相은 재상을 의미하는바, 김옹의 당시 직분과 여지없이 들어맞는다. 殿中令은 內省의 수장이다. 司馭府令은 乘府의 수장

---

2)『삼국사기』제9 경덕왕 19년(760) "夏四月, 侍中廉相退, 伊飡金邕爲侍中."

을 의미하고, 修城府令은 京城周作典의 수장인데 경덕왕 대에 개칭한 것이었다. 마찬가지로 監四天王寺府令은 본래 四天王寺成典의 監令인데 경덕왕 대에 바꾼 것이다. 마지막으로 그는 眞智大王寺成典의 검교사이기도 했다. 중대 무열계의 직계 조상인 진지왕을 모시는 왕실 사찰의 수장이었다.3)

당시 김옹이 上相, 병부령, 전중령 등의 관직을 가지고 있던 것으로 볼 때 이것은 당시 그가 정치상 최고의 실권을 장악하고 있는 인물이라는 것을 말해준다고 하겠다. 귀족 회의 의장 상대등보다 우위의 것으로 생각되는 上相이나 병부의 장관인 兵部令이나, 宮內省의 장관인 殿中令이 모두 최고의 관직이라는 사실에서이다. 더욱이 당시 중요한 관직을 김옹과 같이 여러 개를 겸직한 인물도 찾을 수 없다.4) 그와 혜공왕의 관계와 관련하여 주목되는 기록이 「성덕대왕신종명」에 보인다.

仰惟太后恩若地平 化黔黎於仁敎, 心如天鏡 獎父子之孝誠.
是知朝於元舅之賢夕於忠臣之輔, 無言不擇 何行有愆5)

위의 기록을 해석하면 다음과 같다.

"우러러 생각건대 태후께서는 땅이 평평한 것처럼 은혜로우셔서 어진 가르침으로 백성들을 교화하시고 하늘 거울처럼 밝으신 마음으로 부자(경덕왕과 혜공왕)간의 효성을 권하셨다. 이는 아침에는 왕의 '元舅'의 어짊과 저녁에는 충신의 보필을 받아 택하지 않은 말이 없으니 어찌 행동에 허물이 있으리오."

---

3) 今西龍, 『新羅史硏究』 京城 近澤書店, 1933; 『신라사 연구』(이부호외 역) 서경, 2008, 439~440쪽.
4) 金壽泰, 「統一新羅期 專制王權의 崩壞와 金邕」, 『新羅中代 政治史硏究』 일조각, 1996, 102쪽.
5) 국립경주박물관 소장 愆 : 『금석원』과 『총람』과 『유문』에는 '懲'.

위의 기록을 통해 태후가 왕의 元舅의 보필을 받았다는 것을 알 수 있다. 李昊榮은 元舅는 天子의 외숙을 지칭하는 것이며, 혜공왕의 원구는 김옹이라 했다. 이호영은 김옹을 김순정의 손자가 아니라 아들로 보았다. 때문에『삼국사기』경덕왕 즉위 조에 동왕의 前妃 김순정의 女 三毛夫人을 김옹과 남매로 여기게 되었고,「성덕대왕신종」에 기록된 태후가 삼모부인이라는 결론을 도출했다. 출궁 당한 삼모부인이 경덕왕 말기에 태자 乾運(혜공왕)을 보호하기 위해 정계에 진출했다는 것이다.6) 여기에서 혜공왕의 섭정인 親母 만월부인의 존재는 보이지 않는 점이 이상하다.

이보다 앞서 今西龍은 1926년 6월 10일에 작성한 자신의 未完成 원고,「聖德大王神鐘銘文」에서 '김옹은『속일본기』에 의하면 김순정의 아들이다.'라고 했다. 그는 "今其孫邕繼位執政"라고 하는『속일본기』의 기록에서 '其孫'을 김순정의 아들로 해석했다. 그의 이러한 지적은 후대 학설에 영향을 주었다. 이호영은 今西龍의 설을 그대로 받아들여 '其孫'을 子孫의 의미로 보고 김옹을 김순정의 아들로 보았다. 이는 김수태에 의해 그대로 재현되었다. "孫을 자손의 의미로 파악해 본다면 '子'가 타당할 듯하다."고 했다. 또한 김순정의 딸인 삼모부인과 김옹이 비슷한 시기에 활동했다는 점에서 보아도 손자로 보기는 힘들다고 했다.7) 그의 지적대로 孫에는 자손이라는 뜻도 있다.

하지만 흔한 경우는 아니다. 鈴木靖民(스즈키 야스타미)과 濱田耕策(하마다 코사쿠)은 김옹이 김순정의 손자인 것으로 파악했다.8) 鈴木靖民은 기록에 보이지 않는 김순정의 딸과 경덕왕 사이에서 김옹이 태어난 것으로 추측했다. 최고 실력자였던 김옹을 혜공왕의 이복형제로 보았다. 鈴木靖民의 연구는 '元舅'를 고려하지 않았다.9) 만일 鈴木

---

6) 李昊榮,「聖德大王神鐘銘 解釋에 대한 몇 가지 문제」,『新羅三國統合과 麗濟敗亡 原因硏究』서경, 1997, 470~472쪽.
7) 김수태, 앞의 책, 112쪽.
8) 鈴木靖民,「金順貞·金邕論─新羅政治史の一考察」,『朝鮮學報』45, 1967, 29쪽.
   濱田耕策,「新羅の聖德大王神鐘と中代の王室」,『新羅國史の研究』, 吉川弘文館, 2002, 185~87쪽.

靖民이 '원구'의 의미를 알았다면 김옹이 혜공왕의 이복형이라는 추정을 하지 않았을 것이다.

濱田耕策은 김옹을 김순정의 친손자로 보았다.[10] 濱田耕策의 지적대로 이호영의 '元舅=김옹'이라는 지적은 탁견이었다. 그런데 '원구'의 의미를 최초로 파악한 것은 이호영이지만 가장 적극적으로 활용한 것은 濱田耕策이었다. 이렇게 볼 때 혜공왕의 친모 만월부인의 존재가 두드러진다. 그녀에 관한 기록을 보자.

　　　惠恭王立. 諱乾運, 景德王之嫡子. 母金氏滿月夫人, 舒弗邯義忠之女. 王卽位時年八歲, 太后攝政.(『삼국사기』권9, 혜공왕 원년 조)

위의 기록을 해석하면 다음과 같다.

　　　"惠恭王이 즉위했다. 諱는 乾運이고, 景德王의 嫡子이다. 母는 金氏滿月夫人이고, 舒弗邯 義忠의 딸이다. 王이 즉위 시 나이가 8세라서, 태후 만월부인이 섭정을 했다."

곧 혜공왕 즉위 시 8세의 어린아이여서 태후 만월부인의 섭정했다고 명기하고 있다.

앞서 이야기했듯이 이호영은 김옹을 김순정의 아들로 보았다. 이 때문에 출궁한 삼모부인이 경덕왕 말년에 정계에 복위하였다는 해석을 했고, 그녀를 「성덕대왕신종명」에 보이는 태후로 보았던 것 같다. 반면 濱田耕策은 김옹을 김순정의 손자로 보았다. 그렇다면 위의 『삼국사기』 기록을 염두에 두고 「성덕대왕신종명」을 보면 태후는 만월부인이 된다.

여기서 문제의 핵심은 김순정과 김옹이 父子 관계인가 아니면 祖孫 관계인가의 여부이다. 다음 장에서 여기에 대한 검토를 해보자.

---

9) 濱田耕策, 앞의 책, 196쪽 註17.
10) 濱田耕策, 앞의 책, 185~187쪽.

2. 金順貞의 '其孫' 金邕

김순과 김옹이 어떠한 관계인지 말해주는 기록이 『속일본기』권 33, 寶龜 5년(774) 3월 癸卯 조에 있다.

"新羅國使 礼府卿 沙湌 金三玄 이하 235人이 (九州) 大宰府에 도착하였다. … 三玄이 말하였다. 本國王의 敎를 받들어 옛날의 우호를 닦고 사신 방문을 청하기 위함이다. 아울러 우리나라의 信物과 在唐大使 藤原河淸의 書를 가지고 來朝했습니다.… 本國의 상재 김순정의 시절에 사신의 왕래가 잦았고, 항상 직공을 닦았다. 지금 그 손(今其孫) (金)邕이 지위를 계승하여 執政하고 있는데 그는 가문의 명성을 좇아서 (일본조정을) 供奉하려는 마음을 먹고 있다. 이로 말미암아 옛날의 우호를 다시 닦고 사신의 방문을 요청하려는 것이다."[11]

위의 기록은 774년(혜공왕 10) 3월에 일본에 파견된 신라 사신 김삼현과 일본 관리의 대화 내용이다. 여기서 주목되는 것은 김옹이 상재 김순정의 '其孫'이라는 점이다. 其孫이라는 용례는 필자가 알기로 『속일본기』에 두개가 있다. 하나는 앞서 소개한 김순정과 김옹의 경우이고, 두 번째는 『속일본기』권40 延曆 9년(790) 秋 7월 辛巳에 다음의 기록에 있다.

其後輕嶋豊明朝御宇應神天皇. 命上毛野氏遠祖荒田別. 使於百濟搜聘

---

11) 『속일본기』권33, 寶龜 5年(774) 3월 癸卯, "是日. 新羅國使礼府卿沙湌金三玄已下二百卅五人. 到泊大宰府. 遣内守從五位上紀朝臣廣純. 大外記外從五位下内藏忌寸全成等. 問其來朝之由. 三玄言曰. 奉本國王敎. 請修舊好每相聘問. 并將國信物及在唐大使藤原河淸書來朝. 問曰. 夫請修舊好每相聘問. 乃似亢礼之隣. 非是供職之國. 且改貢調稱爲國信. 變古改常. 其義如何. 對曰. 本國上宰金順貞之時. 舟楫相尋. 常脩職貢. 今其孫邕. 繼位執政. 追尋家聲. 係心供奉. 是以. 請修舊好每相聘問. 又三玄本非貢調之使. 本國便因使次. 聊進土毛. 故不稱御調. 敢陳便宜. 自外不知. 於是. 勅問新羅入朝由使等曰. 新羅元來稱臣貢調. 古今所知. 而不率舊章. 妄作新意. 調稱信物. 朝爲修好. 以昔准今. 殊無礼數. 宜給渡海料. 早速放還."

有識者.國主貴須王恭奉使旨.擇採宗族.遣其孫辰孫王〈一名智宗王〉隨使入朝.天皇嘉焉.特加寵命.以爲皇太子之師矣.於是.始傳書籍.大闡儒風.文敎之興.誠在於此.

難波高津朝御宇仁德天皇.以辰孫王長子太阿郎王爲近侍.太阿郎王子亥陽君.亥陽君子午定君.午定君生三男.長子味沙.仲子辰尒.季子麻呂.從此而別始爲三姓.各因所職以命氏焉.葛井.船.津連等即是也.

"輕嶋豊明朝에서 나라를 다스린 응신천황의 원조 荒田別에게 백제에 사신으로 가서 지식이 있는 자를 찾아 데려오게 하였다. (백제)國主인 貴須王이 삼가 사신의 뜻을 받들어서 자신의 종족 중에 선택하여 그 '손자인 진손왕'을 보내 사신으로 입조하게 했다. 천황이 기뻐하여 은혜로운 명령을 더 하며, 그를 황태자의 스승으로 삼았다."고 했다. 일본학계에서는 貴須王은 백제의 近仇首王이며, '其孫 辰孫王'은 近仇首王의 손자로 辰斯王의 아들로 보고 있다.[12]

그리고 "難波高津朝에서 나라를 다스린 인덕천황이 진손왕의 장자인 太阿郎王을 近侍로 삼았고, 태아랑왕의 아들(子)은 亥陽君이고, 해양군의 아들(子)은 午定君이며, 午定君은 세명의 아들(子)을 낳았는데, 長子는 미사, 둘째는 진이, 막내는 마려이며, 이들이 三姓의 시조가 되었고, 각기 맡은 바에 따라서 씨명을 삼았다고 한다. 葛井· 船·津連 등이 그것이다."라고 하여 손(자)와 아들(자)을 명확히 구분하였다.

이외에도 『속일본기』에는 손자와 아들을 명확히 구분한 용례가 적지 않게 보인다.

『속일본기』권6, 和銅 7년(714) 4월 辛未 조를 보자.

中納言從三位兼中務卿勳三等小野朝臣毛野薨.小治田朝大德冠妹子之

---

12) 佐伯有清, 『新撰姓氏録の研究』(考證篇第五), 吉川弘文館, 1983.
坂本郎他 校注, 『일본서기』下(日本古典文学大系新裝版), 岩波書店, 1983(初版は昭和40年).

孫.小錦中毛人之子也.

"中納言 종3위兼中務卿 勳3등 小野朝臣 毛野가 죽었는데, (그는) 小治田朝大德冠妹子의 손자이고, 小錦 中毛人의 아들이다"라고 한다. 죽은 소야조신 가성의 祖父와 父를 명확히 구분하고 있다. 곧 여기서 孫은 손자이다.

『속일본기』권7, 養老 원년(717) 정월 己未 조에 같은 용례가 있다.

中納言從三位巨勢朝臣麻呂薨. 小治田朝小德大海之孫. 飛鳥朝京職直大參志丹之子也.

中納言 종3위 巨勢朝臣麻呂가 죽었다. 巨勢朝臣麻呂는 小治田朝小德大海의 孫이고, 飛鳥朝京職直大參志丹의 子이다.

『속일본기』권9, 神龜 원년(724) 6월 癸巳 조에도 "中納言正三位巨勢朝臣邑治薨. 難波朝左大臣大繡德多之孫. 中納言小錦中黑麻呂之子也."라고 하고 있다. 그 외에도『속일본기』에서는 '之孫'・'之子'라고 하여 손자와 아들을 분명히 구분하여 사용하는 용례가 다수 보인다.

성덕왕 대 바다 건너 일본과 외교와 교역을 주도했던 신라의 집정 상재인 김순정의 역할은 그의 혈육 김옹으로 이어졌다.13) 일본과 교역을 주도했던 신라의 집정 김순정 가문의 가계에 대해 일본 조정에서 몰랐을 가능성 희박하며, 아들(子)인데 孫으로 기록했을 가능성은 떨어진다.『속일본기』에는 일본조정의 관점에서 기록할 가치가 있다고 판단한 정치 및 행정에 관한 기록을 담았다고 한다.14)

김순정은 일찍부터 일본 조정에 알려진 인물이었다.『속일본기』권9, 神龜 3년(726) 7월 戊子 조를 보자.

金奏勳等歸國. 賜璽書曰, 勅伊湌金順貞. 汝, 卿安撫彼境, 忠事我朝.

---

13) 鈴木靖民, 앞의 책, 213~218쪽.
14) 菅野眞道외 엮음, 이근우 옮김,『속일본기』1, 지식을 만드는 지식, 2009, 15쪽.

貢調使薩飡金奏勳等奏稱, 順貞以去年六月卅日卒. 哀哉. 賢臣守國, 爲朕股肱. 今也則亡, 殲我吉士. 故贈賻物黃紡一百疋綿百屯, 不遺尒績, 式奬遊魂.

위의 글을 통해 金奏勳 등이 聖武天皇에게 이찬 김순정이 725년 6월 30일 사망한 사실을 전한 기록이 정확하게 보인다.

성무천황은 자신의 吉士가 죽었다고 한탄하고 많은 비단 제품을 賻儀로 내놓았던 것도 빼놓지 않았다. 일본조정에서 생각한 김순정의 위치가 드러나며, 동시에 신라 사절단에 의해 김순정 가문의 소식이 전해지는 장면이 포착된다.

『속일본기』에서 700년 이후 확인 가능한 신라사절의 규모는 714년에 20명, 719년에 40명, 723년에 15명, 732년에 40명, 738년에 147명, 752년에 700명, 763년에 211명 764년에 91명, 769년에 187명, 774년에 235명이다. 신라 사절단을 통해서 집정가인 김순정과 그의 가문 사람들에 대한 정보가 일본에 전달되었을 가능성이 크다. 김옹이 김순정의 아들인데 손자로 착각하여 '其孫'이라 기록했을 가능성은 희박하다.

김옹은 김순정의 친손자인 것이 확실하다.15) 그렇다면 혜공왕의 외숙은 김옹이고 김옹과 만월부인은 남매 관계이며, 둘은 김의충의 자녀일 가능성이 높다.16) 이렇게 볼 때 「성덕대왕신종명」에서 태후가 혜공왕 외숙의 보필을 받았다는 것은 섭정 만월부인이 남자 형제인 김옹의 보좌로 국정을 이끌어 갔다는 것을 알 수 있다. 다시 말해 경덕왕이 죽고 어린 아들이 즉위하자 만월부인은 섭정이 되었고, 그녀는 남자 형제인 김옹에 의지했다는 것이다. 만월부인은 舒弗邯 의충의 딸이었다. 그렇다면 김의충은 김옹의 부친이며, 김순정의 아들이다. 여기서 다음과 같은 가계도가 나온다.17)

---

15) 濱田耕策, 앞의 책, 186쪽.
　　李永鎬,「新羅의 王權과 貴族社會」,『新羅文化』22, 2003, 81쪽.
16) 濱田耕策, 앞의 책, 186쪽.
　　李永鎬, 앞의 책, 81쪽.
17) 앞의 주와 같음.

<수로부인 가족 가계도>

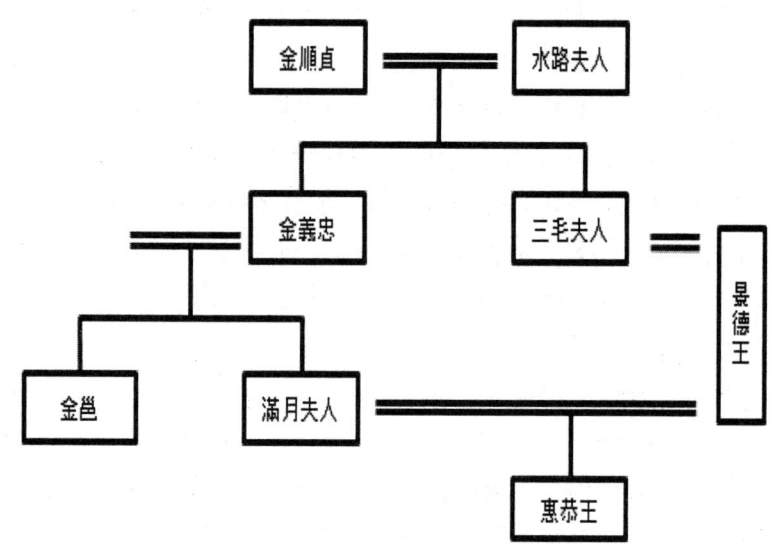

수로부인과 김순정 사이에는 김의충과 삼모부인 남매가 있었고, 김의충은 김옹과 만월부인 남매를 두고 있었다.18)

3. 金順貞의 자녀 金義忠과 三毛夫人

1) 金義忠의 외교활동

김의충은 아버지 김순정과 같이 외교에 큰 역할을 한 것 같다. 그는 신라 대중외교의 가장 중요한 시기에 사절 단장으로 중국의 기록에 이름을 남겼다.

732년(성덕왕 31년) 9월 발해의 당나라 산동 등주 공격은 동북아시아의 국제전쟁으로 비화하였다. 당 현종은 范陽 번진의 당나라 군대와

---

18) 濱田耕策, 앞의 책, 186쪽.

신라의 군사 10만 명을 내어 발해를 토벌하도록 조칙을 내렸다. 그해 당의 요청에 따라 신라 성덕왕은 군대를 파견했다. 『삼국사기』「최치원전」의 大師侍中에게 올리는 글에 '發兵過海攻討'와 '蕃漢苦寒' 및 같은 책「김유신」전에 '率兵會唐兵伐渤海'라는 기록이 나와 있다. 733년 윤3월 발해왕 大武藝가 거란과 함께 당의 영토인 馬都山에까지 이르러 성읍을 공격하였으나 당의 烏承玼에 의하여 저지되었고, 전쟁은 소강상태에 들어갔다. 734년 초가을에 내린 당 현종의 승인에 따라 신라는 한산주에서 북진하여, 한 달여 만에 대동강 이남의 패강지역을 확보하였다. 결과를 당에 알리기 위해서 入唐한 신라의 사절단장이 김의충이었다.[19]

『册府元龜』권971,「外臣部 朝貢」조를 보자.

> (開元)23年 正月…新羅遣使 金義忠等 來賀正.

735년 정월 김의충 등 신라 사절단은 당나라 조정에 가서 신년을 축하했다. 그는 아마도 전년인 734년 말에 신라의 왕경을 출발하여 서해안 어느 항구에서 도착하였고, 당으로 향하는 배에 몸을 실었을 것이다. 산동의 어느 항구에 도착한 그는 당나라의 역참을 이용하여 낙양을 거쳐 장안에 도착했을 것이다.

이보다 앞서 신라 경덕왕은 金思蘭을 당에 파견한 바 있다. 『全唐文』권285, 張九齡(찬)「勅新羅王金興光書」의 일부를 보자.

> 近又得思蘭表稱, 知卿欲於浿江實戍. 既當渤海衝要, 又與祿山相望. 仍有遠圖, 固是長策. 且蕞爾渤海, 久已逋誅. 重勞師徒, 未能撲滅.

위의 기록을 보면 "최근에 思蘭을 통해 보낸 신라 성덕왕의 表稱을 당 현종이 받아 보고, 성덕왕이 浿江에 군영을 설치하고자 함을 알았

---

19) 박남수,「신라 聖德王代 浿江鎭 설치 배경」,『史學硏究』110, 2013.

다"고 한다. 당 현종은 그곳이 발해의 요충지에 해당하고 또 祿山과 서로 바라보는 곳이라고 했다.

나당 양국이 발해를 대적하는 데 있어 패강 이남의 땅을 신라에 넘기는 것이 유리하다고 하는 성덕왕의 의견을 당 현종에게 전달할 사절로서 김사란이 파견됐다. 『삼국사기』권8, 성덕왕 34년(735) 조를 보자.

> 春正月, 遣金義忠入唐賀正. 二月, 副使金榮在唐身死, 贈光祿少卿. 義忠廻, 勅賜浿江以南地.

위의 기록을 해석하면 다음과 같다.

> (735년) 봄 정월에, 金義忠을 당에 파견하여 정월을 축하하였다. 2월에 부사 金榮이 당에서 죽으니 光祿少卿에 추증하였다. 김의충이 돌아가는 편에 (당 현종이) 패강 이남의 땅을 주었다.

『책부원구』권971, 외신부 조공 조 개원 24년(736) 6월 조를 보면 신라가 소식을 들은 즉시 고마움을 표했던 것을 알 수 있다.[20] 같은 내용이 『삼국사기』권8, 성덕왕 35년 조에 실려 있다.

> 35년(736년) 여름 6월에 당나라에 사신을 보내 새해를 축하하고 아울러 표를 올려 사례하였다. 浿江 이남의 땅을 준다는 은혜로운 칙서를 삼가 받았습니다.…신에게 땅을 주시어 신의 고을을 넓혀 주셨고, 드디어 개간할 기회도 있게 해주시고 농사짓고 누에 칠 자리를 얻게 하였습니다.[21]

---

20) 『책부원구』권971, 외신부 조공 조 개원 24년(736) 6월 조, "六月新羅王金興光遣使賀獻. 表曰 伏奉恩敕浿江以南宜令新羅安置臣生居海裔沐化聖朝雖丹素爲心而功無可效以忠正爲事而勞不足賞陛下降雨露之恩發日月之詔錫臣土境廣臣邑居遂使墾辟有期農桑得所臣奉絲綸之旨荷榮寵之深粉骨糜身無繇上答."
21) 『삼국사기』권8, 성덕왕 35년 조, "三十五年, 夏六月, 遣使入唐賀正, 仍附表陳謝曰 "伏奉恩勅, 賜浿江以南地境. (臣生居海裔, 沐化聖朝, 雖丹素爲心, 而功無可効, 以忠貞爲事, 而勞不足賞. 陛下降雨露之恩, 發日月之詔,) 錫臣土境, 廣臣邑居, 遂使墾闢有期, 農桑得所."

당으로부터 패강 이남의 땅을 차지하는 것을 공인받는데 김의충이 외교적 공로를 세웠다고 볼 수도 있다. 물론 이전부터 지속한 성덕왕 대의 노력의 결과일 것이다. 신라는 당이 원하는 전쟁을 했고, 발해를 효과적으로 견제하기 위해 패강 이남의 땅을 영유할 것을 외교적으로 요청했다. 당 현종이 이를 승인하여 패강 이남의 땅을 공식적으로 신라에 양도하는 내용이 담긴 칙서를 작성하게 했고 김의충이 그것을 신라로 가져왔다. 그 중요한 역할을 성덕왕이 김의충에게 맡겼다는 것은 무엇인가. 김의충이 신라조정에서 뚜렷한 위치를 점하고 있던 근친 왕족이었고, 그가 당 조정에도 잘 알려져 있었기 때문이 아닐까 한다. 중요한 순간에 그에 맞는 신분의 사람이 황제를 만나야 했던 것으로 보인다. 『삼국사기』권9, 신라본기 효성왕 원년 조를 보자.

> 孝成王立. 諱承慶, 聖德王第二子, 母炤德王后. 大赦. 三月, 改司正丞 及左右議方府丞, 並爲佐. 以伊飡貞宗爲上大等, 阿飡義忠爲中侍.

737년 성덕왕이 사망하고 그의 아들 효성왕이 즉위했다. 새 국왕은 사면을 단행하고 사정승과 좌우의방부승을 함께 佐로 고쳤다. 그리고 무엇보다 중요한 인사를 단행했다. 3월에 이찬 정종을 귀족 회의 의장인 상대등에 임명하고, 아찬 김의충을 왕을 보좌하는 집사부의 수장 中侍에 임명했다. 김의충의 관등이 6위 아찬인 것으로 보아 젊은 나이에 요직에 올랐다는 것을 알 수 있다. 아무래도 왕과 혈연적으로 가까우니 진급이 빨랐다. 김의충에 이어 중시에 임명된 金信忠은 2위 이찬이었다.[22] 『삼국사기』권9, 효성왕 3년 정월 조를 보자.

> 三年, 春正月, 拜祖考廟. 中侍義忠卒, 以伊飡信忠爲中侍. …二月, 拜王弟〈憲英〉爲波珍飡.

---

22) 『전당문』권284, 張九齡(찬) 「勅新羅王金興光書」에 金信忠이 보인다. "…初秋尙熱, 卿及首領百姓已下竝平安好. 今有答信物及別寄少信物, 並付金信忠往, 至宜領取. 遣書指不多及."

　　　　三月, 納伊湌順元女惠明爲妃. 夏五月, 封波珍湌憲英爲太子.

　739년 정월 중시 김의충이 죽었다. 아마도 전년에 죽었을 것으로 보이며, 시중의 교체가 이듬해 정월에 이루어졌을 가능성도 있다. 그의 아버지 김순정이 사망한 지 14년 만이었다. 어떻든 그가 장수하지 못했던 것이 확실하다. 수로부인이 이때 생존해 있을 가능성은 높지 않다. 만일 그녀가 살아 있었다면 자식을 먼저 보낸 어머니가 되었다고 할 수 있다.

2) 三毛夫人의 出宮과 大佛事

　739년 그해 2월에 왕제 헌영(경덕왕)이 파진찬이 되었고, 3월에 효성왕이 이찬 金順元의 딸 惠明과 혼인을 했다. 그리고 5월에 왕제 헌영이 태자에 책봉되었다. 소성왕은 자식의 생산능력이 없어 동생 헌영에게 왕위계승을 약속했다. 742년 5월 소성왕이 사망하고 헌영이 경덕왕으로 즉위했다. 『삼국사기』권9, 「경덕왕」원년 조를 보자.

　　　景德王立. 諱憲英, 孝成王同母弟. 孝成無子, 立憲英爲太子, 故得嗣位. 妃伊湌順貞之女也.

　헌영, 경덕왕은 효성왕의 친형인 효성왕이 아들이 없어 태자로 세워졌고, 형이 사망하자 그 뒤를 이었다. 경덕왕의 妃는 725년에 사망한 이찬 김순정의 딸이었다. 그런데 경덕왕은 즉위 직후 김순정의 딸 삼모부인과 이혼을 하고 다시 재혼한다. 『삼국사기』권9, 신라본기 「경덕왕」 2년(743) 조를 보자.

　　　二年… 夏四月, 納舒弗邯金義忠女, 爲王妃.

　743년 4월 경덕왕은 金義忠의 딸과 맺어졌다. 그녀는 혜공왕을 낳은 만월부인이다. 경덕왕은 김순정의 딸과 이혼을 하고 김의충의 딸과 재혼을 한 것이다. 『삼국유사』 왕력 제35대 「경덕왕」조를 보면 '先妃三毛夫人出宮无後'라 하여 선비 삼모부인이 出宮 당해 후사가 없다고 했다. 또 『삼국유사』 기이2 「景德王·忠談師·表訓大德」조를 보면 "無子廢之, 封沙梁夫人. 後妃滿月夫人, 諡景垂太后, 依忠角干之女也."라고 하고 있다. 경덕왕은 아들을 낳지 못하는 왕비 삼모부인을 폐하여 사량부인으로 봉하고, 후비 만월부인을 맞이했다. 만월부인의 시호는 경수태후이며 依忠 각간의 딸이었다. 依忠은 金義忠과 동일인임이 확실하다.

김의충이 젊은 나이에 죽었던 것을 고려해 볼 때 그의 누이 삼모부인의 혼인 시 나이가 있었던 것으로 보인다. 경덕왕은 자신이 태자로 임명된 739년에 형인 효성왕이 혼인을 했다. 동생인 그는 이보다 나중에 혼인했을 것이다. 물론 그는 『삼국사기』권9, 신라본기 경덕왕 원년조에서 알 수 있듯이 왕위 즉위 당시 김순정의 딸 삼모부인과 혼인을 한 상태였다. 그렇다면 그는 739년 직후에 혼인했다는 것이 된다.

이영호의 지적대로 경덕왕과 삼모부인의 결혼생활은 2~3년에 불과하다. 743년 경덕왕이 만월부인과 재혼을 한 시점은 삼모부인이 고령으로 아이를 낳지 못한다는 것이 확실해진 시점일 것으로 여겨진다. 경덕왕은 김의충의 누이인 삼모부인과 이혼을 하고, 김의충의 딸과 재혼을 한 것이 된다. 고모 삼모부인이 이혼을 당하고 여자 조카 만월부인이 그 자리에 앉았다. 이는 삼모부인의 출궁이 김옹 등 외척 세력의 동의하에 이루어졌음을 의미한다. 당시 국왕의 혼인 범위가 계속 축소되고 폐쇄적인 외척 세력에 의해 좌우되는 형편이었다고 하겠다.[23]

『삼국유사』권3, 탑상4 「황룡사종 분황사약사 봉덕사종」조를 보면 경덕왕과 이혼한 삼모부인의 11년 후 행적에 대한 기록이 보인다.

"경덕왕 천보 13(754)년 갑오에 황룡사 종을 주조했다. 높이 1장 3촌,

---

23) 李永鎬, 앞의 책, p.59, p.81.

두께 9촌, 무게 49만 7,581근이었다. 시주는 효정이왕 삼모부인이고, 匠人은 里上宅 下典이었다. (고려) 肅宗 조에 다시 새로운 종을 만들었지만, 길이 6척 8촌이었다."[24)]

사료에 기록된 '높이 1장 3촌'이 그 시기의 척도를 그대로 전해주는 것이라면 그것은 높이가 4m가 되고, 만약 현재까지 남아 있다면 한국 종 가운데 최대의 거종이 된다.[25)] 『삼국유사』의 기록대로 경덕왕이 만들려고 한 '성덕대왕신종'은 12만 근이었다. 무게로 따진다면 황룡사종은 성덕대왕신종의 네 배이다. 일연은 고려 숙종 대에 새로운 종을 만들었지만, 그 길이가 6척 8촌에 불과했다고 특기하고 있다.

삼모부인은 伊干 孝貞과 함께 황룡사 거종 주조에 시주를 했다. 주보돈은 효정을 삼모부인의 형제로 보았다.[26)] 가까운 혈연관계가 아니라면 거대한 자금이 들어가는 시주를 함께 하기도 쉽지 않다는 점에서는 동의한다. 하지만 둘을 형제라고 보기에는 나이 차이가 크다.

『삼국사기』권8, 신라본기「성덕왕」13년·17년 조를 보자.

13年(714), 春正月, 伊湌孝貞爲中侍
17年(718), 春正月, 中侍孝貞退

효정은 714년 정월에 성덕대왕을 보좌하는 집사부 중시에 임명되어 4년 동안 재직하다가 718년 정월에 그 자리서 물러났다. 시중을 거친 그는 승진하여 宰相이 되었을 수도 있다. 삼모부인의 아버지 김순

---

24) 『삼국유사』권3, 탑상「황룡사종 분황사약사 봉덕사종」조, "新羅第三十五景德大王. 以天寶十三甲午. 鑄皇龍寺鐘. 長一丈三寸. 厚九寸. 入重四十九萬七千五百八十一斤. 施主孝貞伊王三毛夫人. 匠人里上宅下典. 肅宗朝重成新鐘.長六尺八寸." 원문에 孝貞은 伊干이 아니라 伊王으로 나온다.
25) 平井郎平, 『朝鮮鐘』, 角川書店, 1974. 황룡사 종은 높이 4.14m, 무게 41톤 가량이다. 현존한다면 세계 최대의 종이며, 현재의 성덕대왕신종(높이 3.7m, 무게 18.9톤) 보다 훨씬 크고 무겁다. 고려 15대 숙종(1095~1105년)때 황룡사 종을 녹여, 길이 6척 8촌의 황룡사 신종(2.08m, 7.4톤)을 만들었다고 한다.
26) 주보돈, 「한국 고대사회 속 여성의 지위」, 『계명사학』21, 2010.

정이 725년에 사망한 것을 고려하면 효정은 김순정과 같은 시기에 활동했던 인물이다. 삼모부인과 김효정은 상당한 나이 차이가 있었던 것으로 보이며, 황룡사종을 주조한 754년 당시 상당한 고령의 나이였을 것으로 생각된다. 경덕왕이 태자로 있을 당시인 740년에서 742년 사이에 삼모부인과 초혼을 하였다는 점을 고려한다면 효정과 삼모부인이 남매일 가능성은 떨어진다.

한편 李成市는 황룡사종 주조 당시인 754년 삼모부인은 효정 伊干(伊王)의 부인이었다고 한다.27) 그의 지적이 틀리지 않았다면 삼모부인은 경덕왕과 이혼한 후 왕의 신하인 효정과 재혼한 것이 된다. 신라의 여성의 지위와 관련하여 주목되는 주장이다. 경덕왕이 만월부인과 재혼을 한 743년 4월 직전에 삼모부인이 출궁·이혼을 당했다면 황룡사종주조는 그로부터 10년이 넘는 시점이다. 삼모부인은 출궁 이후 나이 차이가 심하다고 해도 효정과 재혼했을 가능성은 배제할 수 없다.

725년 아버지인 김순정이 돌아갔고, 739년 친정 오빠로 보이는 김의충도 세상을 떴으며, 자신도 743년 직전에 이혼을 당했다. 삼모부인은 기댈 수 있는 누군가를 찾았을 동기는 충분했다.

주보돈은 신라 사회에서 이혼을 하였다는 것은 곧 뒤집어보면 남성만이 아니라 여성도 재혼이 가능하였다는 것을 의미한다고 한다. 과부 瑤石公主도 고승 元曉와 재혼을 했으며, 이러한 예는 일반인들의 이혼과 재혼도 적지 않게 행하여졌다는 것을 말해주며, 그와 같은 배경과 기반이 깔려 있었기에 여성이 왕위를 승계할 수도 있었다고 했다.28)

하지만 전 왕후의 신분을 가진 그녀가 누군가와 재혼을 한다는 것도 쉽지는 않았을 것이다. 무엇보다 신하였던 이간 효정이 국왕의 전처와 정식으로 혼인한다는 것은 통념상 쉽지 않았을 것으로 생각된다. 신라 사회가 아무리 개방적이고 재혼이 보편화 되어있었다고 해도 그러하다. 돌아간 왕의 전처라면 좀 낳았을 수도 있다. 하지만 754년 당

---

27) 李成市 지음, 김창석 옮김, 『동아시아의 왕권과 교역』, 청년사, 1999, 75쪽.
28) 주보돈, 앞의 책.

시는 삼모부인의 전남편인 경덕왕이 현 국왕으로서 신라를 다스리고 있었던 시기가 아닌가.

삼모부인은 출궁 시 경덕왕으로부터 사량궁부인으로 봉해졌다. 전왕비로서 신분을 어느 정도 유지해주기 위한 경덕왕의 배려였다고 생각된다. 그녀는 離宮인 沙梁宮과 관계가 있었다. 효정은 이상택과 관계가 있는 것으로 생각된다. 황룡사종을 주조하는 장인이 里上宅의 下典이었다. 孝貞과 順貞의 딸 삼모부인의 관계는 같은 부모 아래서 피를 나눈 사이는 아니지만, 국가적인 거종 제작에 함께 거금의 시주를 할 수 있을 정도로 가까운 혈육으로 볼 수는 있겠다. 삼촌과 조카 관계로 추측되기도 하며,[29] 둘 사이에 어떠한 관계가 있을지는 모르나 정식혼인을 한 사이로는 보기 어렵다고 생각된다.

한편 삼모부인의 남자 형제 김의충의 아들 金邕이 정치적으로 성장하고 있었다. 『삼국사기』권9, 신라본기 「경덕왕」 19·22년 조를 보자.

19년(760), 여름 4월, 侍中廉相退, 伊湌金邕爲侍中. 가을 7월, 封王子乾運, 爲王太子.
22년,(763) 8월, 上大等信忠·侍中金邕免.

760년 4월 김옹이 시중에 임명되었다. 3개월 후 그의 여동생 만월부인이 낳은 왕자 건운이 태자로 책봉되었다. 왕태자의 외삼촌으로서 왕을 보필하는 집사부 시중이 되었다. 그것은 출세코스였다. 763년 상대등 신충과 함께 그 자리에서 물러났지만, 김옹은 곧 재상의 반열에 올랐던 것으로 보인다. 앞서 언급한 바와 같이 생질인 건운이 혜공왕으로 즉위하고 여동생 만월부인이 섭정을 할 당시 그는 최고의 권력자 반열에 있었다.

이러한 삼모부인의 친정의 배경은 그녀가 효정과 함께 황룡사종 주조에 시주를 할 수 있는 바탕이 되었다. 친정아버지 김순정은 신라에

---

29) 濱田耕策, 앞의 책, 186쪽.

서 상재를 역임했고, 친정 조카인 김옹도 혜공왕 대 上相 대각간으로 『속일본기』가 소개하고 있듯이 신라조정의 집정자였다. 부와 권력을 모두 소유한 신라 최고의 친정을 둔 삼모부인이었다.

그녀의 아버지 김순정은 언급한 바와 같이 『속일본기』권33, 寶龜 5년(774) 3월 조에 일본과 職貢 형태를 띠는 무역을 주도한 인물로 나와 있다. 친정 조카인 김옹도 신라의 집정자로 김순정의 뒤를 이어 대일무역을 주도하였던 것으로 나와 있다.

倭典이 內省 속에 설치된 것은 바로 이러한 일본과의 교역을 신라 왕실이 주도하고 있었음을 의미한다. 당시 정국을 장악한 上臣, 上宰 와 그들의 사람들이 왕실과 밀착하여 대일교역을 적극적으로 주도하고 있었다. 집정자들은 측근을 이용하여 대일교역에 직접적으로 뛰어들었다. 신라사절들은 당시 자신들이 가지고 간 물품에 '貼布記'와 같은 꼬리표를 달아 일일이 일본 측에 '신라물'을 소개하고, '원하는 (신라)물품을 얻어오라'는 선전 문구를 특별히 붙였다. 첩포기는 당시 신라 측이 일본과의 교역에 얼마나 적극적인 자세를 가지고 있었는지 웅변하고 있다.[30] 당시 일본과의 무역은 신라의 집정자들에게 적지 않은 이익을 주었고, 김순정·김옹의 집안이 최대의 수혜자였을 것이다.

---

30) 윤선태, 「752년 신라의 대일교역과 賣新羅物解」, 『역사와 현실』 24, 1997, 63~66쪽.

4. 소결

수로부인이 바라보았을 수도 있는 그녀 가족들의 삶과 활동을 시간 대별로 펼쳐보자. 성덕왕 즉위 초반(702~705) 수로부인은 남편 순정을 따라 강릉으로 갔다. 그곳에서 지방관의 부인으로서 시절을 한동안 보낸 것 같다. 몇 년 후 왕경으로 돌아온 남편은 근친으로서 출세 가도를 밟았다. 그는 일찍이 재상의 반열에 올랐고, 그는 이윽고 최고의 자리인 上相의 자리에 올랐다. 그 와중에 일본과의 교역을 주도했으며, 일본 왕이 그를 신하로 생각할 정도로 관계를 맺고 있었다.

하지만 김순정이 725년 사망했다. 장수했다고 말할 수 없었다. 일본과 신라 사이에 가교 역할을 했던 김순정이 사라지자 두 나라 사이의 관계에 문제가 생겼다. 『삼국사기』 권8, 성덕왕 21년, 10월 조에 "築毛伐郡城, 以遮日本賊路."이라고 하여 일본의 침입에 대비해 울산에서 왕경 경주로 들어오는 길목에 성을 쌓을 정도로 긴장감이 감돌았다.

남편의 죽음에 가장 심적 타격을 받은 것은 배후자인 수로부인이었다. 하지만 자식들이 장성해 있었다. 그녀의 아들 김의충도 아버지와 같이 신라의 외교에 큰 역할을 했다. 735년 당에 들어가 대동강 이남의 땅의 신라 영유를 당으로부터 공식적으로 인정받는 성과를 이루어 냈다. 2년 후인 737년 성덕왕이 돌아가고 그 아들 효성왕이 즉위하자 그는 국왕을 보좌하는 집사부의 책임자 중시가 되었다. 6위 아찬으로 그 자리에 올랐다는 것은 그가 젊은 나이에 출세코스를 탔다고 할 수도 있다. 신라에서 일반적으로 중시를 거친 사람이 宰相이 되었던 것 같다.

하지만 739년 아들 김의충이 사망했다. 남편이 죽은 지 14년 후였다. 그때까지 그녀가 살아 있었는지는 알 수 없다. 739년 직후 수로부인의 딸 삼모부인이 효성왕의 동생 헌영과 혼인을 했다. 매우 중요한 국혼이었다. 효성왕이 자식을 낳을 수 없었기 때문에 739년 헌영은 태자에 책봉되어 왕위계승을 약속받았다. 오빠를 이미 저세상으로 보낸 삼모부인이었다. 그녀는 신랑인 헌영보다 연상이었을 가능성이 높으며, 그것이 그녀의 불임의 요소 가운데 하나가 되었던 것 같다. 신라 왕실이 이러한 혼인을 할 수밖에 없었던 것은 왕실은 통혼권이 극히 협소하여 유력한 근친 왕족이 아니면 짝을 찾을 수 없었기 때문으로 보인다. 『삼국사기』권9, 신라본기 「경덕왕」 원년 조에서 알 수 있듯이 그는 왕위 즉위 당시 김순정의 딸 삼모부인과 혼인을 한 상태였다. 경덕왕과 삼모부인의 결혼생활은 2~3년에 불과했다.

743년 경덕왕이 만월부인과 재혼을 한 시점은 삼모부인이 고령으로 아이를 낳지 못한다는 것이 확실해진 시점일 것으로 여겨진다. 경덕왕은 김의충의 누이인 삼모부인과 이혼을 하고, 김의충의 딸과 만월부인과 재혼을 했다.

삼모부인은 출궁 시 경덕왕으로부터 사량궁부인으로 봉해졌다. 전 왕비로서 신분을 어느 정도 유지해주기 위한 왕의 배려였다고 생각된다. 이로부터 11년 후 그녀는 기록에 다시 등장한다. 『삼국유사』권3, 탑상 「황룡사종」 조를 보면 "경덕왕 천보 13(754)년 갑오에 황룡사 종을 주조했는데 여기에 시주자로 나온다. 종의 규모는 높이 1장 3촌으로 약 4m가 되고, 무게가 50만 근에 육박하는 거종이었다." 12만 근의 '성덕대왕신종' 네 배 이상이다. 삼모부인은 伊干(伊王) 孝貞과 함께 황룡사 巨鐘 주조에 시주를 했다. 당시 일본과의 무역에 최대의 수혜를 받았던 집안에 걸맞은 시주 규모였다. 친정아버지 김순정은 신라에서 상재를 역임했고, 친정 조카인 김옹도 혜공왕 대 上相 대각간으로 『속일본기』가 소개 하고 있듯이 신라조정의 집정자였다. 부와 권력을 모두 소유한 신라 최고의 친정을 둔 삼모부인이었다.

한편 삼모부인의 돌아간 오라비 김의충의 아들 김옹이 정치적으로 성장하고 있었다. 760년 4월 김옹은 시중에 임명되었다. 3개월 후 김옹의 여동생 만월부인이 낳은 왕자 건운이 태자로 책봉되었다. 김옹은 왕태자의 외삼촌으로서 왕을 보필하는 집사부 시중이 되었던 것이다. 763년 상대등 신충과 함께 그는 시중 자리에서 물러났다. 그는 곧 재상의 반열에 올랐다. 생질인 건운이 혜공왕으로 즉위하고 여동생 만월부인이 섭정을 할 당시 그는 上相으로 병부령, 궁내성의 전중령, 수성부령 등을 겸직하는 최고의 권력자가 되었다. 삼모부인은 그의 손자들의 이러한 모습을 보지 못했을 것이다.

경덕왕이 죽고 어린 아들이 즉위하자 만월부인은 섭정이 되었고, 그녀는 남자형제인 김옹에게 의지했다.『속일본기』는 김순정—김의충—김옹으로 이어지는 수로부인의 집안을 이렇게 기록하고 있다. "本國의 상재 김순정의 시절에 일본과 사신의 왕래가 잦았고, 항상 직공을 닦았다. 지금 그 손자(今其孫) (金)邕이 지위를 계승하여 執政하고 있는데 그 가문의 '명성'을 쫓아서 供奉하려는 마음을 먹고 있다."

Ⅳ장.

女息 三毛夫人과 景德王

Ⅳ장. 女息 三毛夫人과 景德王   91

　『삼국사기』와 『삼국유사』의 신라 왕비들의 '出宮 기록'을 보면 신라 중대에 집중되어 있는 것을 알 수 있다. 신문왕 대 김흠돌의 딸 김 씨, 성덕왕 대 金元泰의 딸 成貞王后, 경덕왕 대 삼모부인, 하대의 개창기라 볼 수 있는 원성왕 대 宣德王妃였던 具足王后가 바로 출궁 기록의 주인공들이다.

　중대의 3개의 '출궁 기록'은 국왕의 이혼으로 출궁을 한 사례이다. 중대의 국왕 부부들의 이혼 사유는 각각 달랐다. 김흠돌의 딸 김 씨는 아버지의 반란으로 인한 폐출이었다.[1] 그리고 성정왕후가 출궁 당한 이유는 정확하지 않다. 삼모부인의 경우는 불임으로 인한 출궁이었다. 하대의 구족왕후의 경우는 혈통이 다른 大妃였기에 외부로 내보낸 경우였다.[2]

　성정왕후와 구족왕후는 출궁 후 위자료를 받은 기록이 있다.[3] 그런데, 김흠돌의 딸 김 씨와 삼모부인의 경우 위자료에 대한 기록이 보이지 않는다. 김 씨의 경우는 아버지의 반란으로 인해 위자료를 받을 처지가 못 되었다. 그러므로 위자료에 대한 기록이 없는 것이 당연하다고 하겠다. 하지만 삼모부인의 경우 무슨 이유인지 위자료에 대한 기록이 보이지 않는다.

　물론 성정왕후의 경우를 보아 삼모부인도 위자료를 받았다고 보는 견해도 있다. 일례로 주보돈은 '중대 국왕의 경우 상당한 위자료를 부담하면서까지 이혼을 감행했다'[4]고 하였다. 그 예로 '성덕왕은 성정왕

---

1) 『삼국사기』권8, 神文王 즉위년 조, "妃金氏 蘇判欽突之女 王爲太子時 納之 久而無子 後坐父作亂 出宮."
2) 具足王后는 신라 선덕왕의 비. 아찬 義恭의 딸, 혹은 각간 良品의 딸이라고도 한다. 그의 남편인 상대등 金良相이 혜공왕을 죽이고 선덕왕이 됨으로서 그 비가 된 것이다. 그의 아버지 의공은 侍中이 되었다. 선덕왕이 왕위에 오른 지 6년 만에 아들이 없이 죽게 되자, 상대등 金敬信이 원성왕이 되었는데, 전 왕비로서 785년 3월 租 3만4천석을 하사받고, 외궁으로 나가 여생을 마쳤다.
3) 『삼국사기』성덕왕 15년 3월 조, "三月出〈成貞〉[一云〈嚴貞〉]王后 賜彩五百匹·田二百結·租一萬石·宅一區 宅買 〈康申公〉舊居 賜之."
　『삼국사기』권10, 元聖王 원년 3월 조, "三月 出前妃具足王后於外宮 賜租三萬四千石."
4) 朱甫暾, 「新羅骨品制社會とその變化」, 『朝鮮學報』196, 平成17년(2005) 奈良, 83~88쪽.

비를 내쫓으면서 비단 500필, 밭 200결, 조 1만석, 주택 1구를 주었고, 삼모부인은 경덕왕에게서 지급받은 위자료를 갖고서 이찬 효정과 함께 시주하여 신라에서 가장 큰 규모로 추정되는 무려 49 만근에 달하는 皇龍寺 銅鐘을 주조하였다'고 하였다. 국왕이 이렇게 엄청난 위자료를 물어 가면서까지 굳이 이혼하려는 이유는, '당연히 정치적인 배경에서 원인을 찾아야 하며, 여하튼 그 자체는 일부일처제의 관행이 어떤 철칙으로서 굳게 준수되고 있었음을 뚜렷이 보여주는 것'이라고 하였다.5)

이러한 주장에 대한 반론도 있었다. 삼모부인이 경덕왕으로부터 위자료를 받았다는 기록이 없으며, 그녀가 '황룡사 거종에 희사했다'는 사실만으로 위자료를 받았다는 직접적인 증거는 되지 못한다고 하였다. 그리고 그녀의 희사는 친정이 배경이 되었다고 보았다. 사실 부와 권력을 모두 소유한 신라 최고의 친정을 둔 삼모부인이었다. 그녀의 아버지는 일본과 교역을 주도한 성덕왕 대 상재 김순정이었고, 그녀의 조카 金邕도 혜공왕 대 執政 재상으로서 일본과 교역을 주도한 것으로 보인다.

또한 이 견해에 의하면 성정왕후의 경우는 태자를 생산한 모후로서 출궁을 당했기 때문에 위자료를 받을 수 있었지만, 삼모부인은 불임이라는 왕실에 치명적인 피해를 주는 缺孫으로 인해 출궁했기에 위자료가 없다고 보았다. 그리고 구족왕후의 경우 남편 宣德王이 사망한 후 태후로서 궁궐에 머물 수 있는 권리가 있었기에, 정당한 명분이 없었던 원성왕은 구족황후를 출궁시키는데 막대한 대가를 지불할 수밖에 없었다고 한다. 한편 681년 불임의 상태에서 아버지의 반란에 연루되어 궁에서 쫓겨난 신문왕의 전처 김흠돌의 딸 김 씨의 위자료에 대한 기록이 없는 것은 너무나 당연하며, 불임인 삼모부인에 대한 위자료 기록이 없는 것도 무리는 아니라는 것이다.6)

---

5) 朱甫暾,「한국 고대사회 속 여성의 지위」,『계명사학』 21, 2010. 70~75쪽.
6) 서영교,「新羅 일부일처제」,『119회 한국고대사학회발표요지』 2011. 4. 9. 경북대.

이상 지금까지 삼모부인의 출궁과 위자료 시주 문제에 있어서 논의된 바를 크게 두 가지로 대별하면, 하나는 삼모부인이 위자료를 받았을 것이며, 그 위자료는 황룡사 불사에 쓰였을 것이라는 견해와 다른 하나는 다름 아닌 삼모부인의 불임으로 인한 출궁이었기에 당연히 위자료를 못 받았을 것이며, 황룡사 불사와 출궁 위자료는 서로 관계가 아예 없는 것이라는 의견들이다.

본인은 상기한 주장들에 대해 전적으로 동의할 수 없다. 그 이유는 다음의 두 가지이다. 첫째 경덕왕은 삼모부인을 출궁시키며 폐서인시킨 것이 아니라 沙梁夫人에 봉하여 일정 지위를 유지하게 했다는 점이다. 둘째 경덕왕이 황룡사에 거종을 만들 때가 삼모부인이 출궁한 약 10여년 후7)라는 점이다.

먼저 위자료 지급 여부 문제와 관련해서 '夫人' 책봉의 의미를 파악해 보았다. 다음으로 사량부인과 사량부·사량택·사량궁에 대해 검토해 보았다. 마지막으로 경덕왕의 불사와 삼모부인과 그 친정 집안의 시주에 대해 살펴보았다.

---

7) 김선주, 「신라 경덕왕대 三毛夫人의 생애와 정치적 의미」, 『역사학연구』 44, 2011, 17~20쪽.

1. 국왕의 '夫人' 책봉의 의미

『삼국유사』권2, 「景德王 忠談師 表訓大德」조를 보면 다음의 기록이 있다.

> 왕은 玉莖의 길이가 여덟 치나 되었다. 아들이 없어 왕비(三毛夫人)를 폐하고 사량부인으로 봉했다. 후비인 만월부인의 시호는 경수태후이며 의충 각간의 딸이었다.[8]

이 기록은 아들을 원하는 경덕왕이 표훈대덕에게 부탁하는 이야기가 시작되는 시점에 있다. 경덕왕은 玉莖의 길이가 여덟 치나 되었지만 아들이 없어 三毛夫人을 왕비에서 폐하고 사량부인으로 봉했다고 한다. 후비는 아들을 낳기 위해 간택되었다. 滿月夫人이라는 그녀의 호칭에서도 이는 어느 정도 짐작할 수 있다.

경덕왕은 출궁 된 三毛에게 '夫人'이라는 작호를 그대로 유지하게 했다. 곧 출궁된 삼모부인이 사량부인으로 봉해졌는데, 이 작호가 의미하는 바를 알기 위해 먼저 '부인'의 의미에 대해 짚고 넘어가겠다.

'부인'은 신라의 왕비 급에게 사용되는 호칭이었다. 『삼국사기』권8, 신문왕 3년 조를 보자.

> 5월 7일, 이찬 문영과 개원을 김흠운의 집에 보내 그녀를 '부인'으로 책봉하고, 그날 묘시에 파진찬 대상손문과 아찬 좌야길숙 등으로 하여금 각각 그들의 아내와 딸과 이 밖에 양과 사량 두 부의 여자 각 30명씩을 데리고 가서 '부인'을 맞아 오게 하였다. '부인'이 수레에 탔는데 좌우에 시종하는 관원들과 하녀로 따르는 부녀들의 모습이 성대하였다. 왕궁 북문에 이르러 '부인'이 수레에서 내려 대궐로 들어왔다.[9]

---

8) 『삼국유사』권2, 景德王 忠談師 表訓大德 조, "王玉莖長八寸 無子廢之 封沙梁夫人 後妃滿月夫人 諡景垂太后 依忠角干之女也."
9) 『삼국사기』권8, 神文王 3년 조, "五月七日, 遣伊湌〈文潁〉·〈愷元〉抵其宅 册爲夫人

681년 5월 7일 신문왕의 재혼 의례 당일 날이었다. 이찬 문영과 개원이 김흠운의 집으로 찾아가 신부가 될 처녀를 만났다. 그리고 왕명으로 그녀를 '부인'으로 책봉했다. 이제 그녀는 김흠운의 딸에서 '왕비 대우의 夫人'이 되었다.

위의 기록에 그녀가 부인으로 책봉된 후 '夫人'이란 칭호가 세 번 연이어 등장한다. 그리고 그 부인은 융숭하고 성대한 대접을 받으며 궐내로 들어가는 모습으로 묘사됐다.

이러한 예로 보아 사량부인으로 책봉된 삼모부인은 비록 이혼은 했더라도 격하된 의미로서의 '부인'은 아닌 것으로 짐작된다. 나아가 사량 '부인'은 왕비의 등급에 해당하는 작호였을 것으로 보인다.

성덕왕 11년(712)에 김유신의 미망인에 대한 '부인' 책봉은 이와 관련하여 주목된다.

> 가을 8월, 김유신의 아내를 부인으로 봉하고, 해마다 곡식 천 석을 주기로 하였다.[10]

부인 책봉과 아울러 경제적 보상도 있었다. 712년 부인으로 책봉된 김유신의 미망인은 해마다 곡식 1천 석을 받을 수 있었다. 김유신이 사망한 지 40년이나 지난 후였다.

태종무열왕의 셋째 딸인 그녀는 아버지인 무열왕의 즉위 2년(655년)에 60세가 다 된 김유신과 혼인을 했다.[11] 둘 사이의 나이 차가 많았기에 성덕왕 대에도 그녀는 생존해 있었으며, 이러한 혜택도 볼 수 있었다.

『삼국사기』권43, 「김유신」조를 보면 다음과 같은 기록이 보인다.

其日卯時 遣波珍湌〈大常〉·〈孫文〉·阿湌〈坐耶〉·〈吉叔〉等 各與妻娘及〈梁〉·〈沙梁〉二部嫗各三十人迎來 夫人乘車 左右侍從 官人及娘嫗甚盛 至王宮北門 下車入內."
10) 『삼국사기』권8, 聖德王 11년 조, "聖德王十一年秋八月 封〈金庾信〉妻爲夫人 歲賜穀一千石."
11) 『삼국사기』권5, 太宗武烈王 2년 조, "王女智照 下嫁大角湌庾信."

(김유신의) 아내 智炤夫人은 태종대왕의 셋째 딸이다. … 후에 지소부인은 머리를 깎고 베옷을 입고 비구니가 되었다. 이때 大王이 夫人에게 이르기를 "지금 나라 안팎이 편안하고 임금과 신하가 베개를 높이 베고 근심이 없는 것은 바로 (김유신) 태대각간이 우리에게 내려 준 것이오. 이는 부인이 집안을 잘 다스려 태대각간을 성심으로 도와준 숨은 공로가 컸던 결과였소. 과인은 이러한 덕에 보답하려는 생각을 하루도 잊어 본 적이 없다오. 그런 즉 南城租를 매년 1천 석씩을 줄 것이오."[12]

위의 「김유신」조 기록에서 보이는 대왕은 文武王이다. 삼국통일 전쟁이 종료된 후 문무왕이 지소부인을 불러 이러한 보상에 대해 약속을 했다고 생각된다.

지소부인에게 내려 주겠다는 南城租는 남산 신성에 지어진 長倉에서 지급하는 것으로 보인다. 문무왕 3년(673) 정월에 남산 신성에 있는 장창이 완공되었다. 국가에서 사용하는 곡식을 장창에 모아 두었던 것으로 보인다. 하지만 그것은 곧바로 실천에 옮겨지지 않았을 수도 있다. 전쟁의 후유증이 만만치 않았기 때문으로 보인다.

문무왕 당시 지소에 대한 '부인' 책봉의 기록이 없는 것도 이러한 맥락에서 보아야 할 것이다. 지소에 대한 부인 책봉은 712년 성덕대왕대에 가서야 이루어졌고, 이때부터 김유신의 미망인 지소부인은 사망할 때까지 1천 석의 조를 받았을 것으로 보인다. 실로 '부인'이란 작호를 받은 것과 그렇지 않은 것의 차이는 컸던 것으로 생각된다.

이상 위의 두 가지 사례로 보아 三毛夫人이 비록 경덕왕과 이혼을 했지만, 사량부인으로 봉해졌기에 반드시 그 夫人의 지위나 격에 합당한 보상이 있었을 것이며, 그 위자료는 작호인 '사량'과의 연관성을 배제할 수 없을 것이다.

---

12) 『삼국사기』권43, 「金庾信」전, "妻智炤夫人 太宗大王第三女也. … 後 智炤夫人 落髮衣褐 爲比丘尼 時 大王謂夫人曰: 今 中外平安 君臣高枕而無憂者 是太大角干之賜也 惟夫人宜其室家 徹誠相成 陰功茂焉 寡人欲報之德 未嘗一日忘于心 其餽南城租每年一千石."

2. 沙梁夫人과 沙梁部・沙梁宅・沙梁宮

사량부인의 '사량'이 의미하는 바를 검토해 보자. 그녀가 사량과 관련되어 어떠한 지위나 급의 기반을 가지고 있었는지를 짐작할 수 있고, 사량부인에 대한 경덕왕의 배려와 예우의 정도를 알 수 있기 때문이다.

1) 沙梁部

당시 신라 왕경은 6部의 행정구역으로 구분되어 있었고, 그 가운데 하나가 사량부였다. 육부소감전이 각부의 행정업무를 담당했다. 『삼국사기』권38, 雜志 제7 職官志 上 六部少監典 조를 보자.

> 六部少監典[一云六部監典.], 梁部·沙梁部, 監郞各一人, 大奈麻各一人, 大舍各二人, 舍知各一人. 梁部, 史六人, 沙梁部, 史五人; 本彼部, 監郞一人, 監大舍一人, 舍知一人, 監幢五人, 史一人; 牟梁部, 監臣一人, 大舍一人, 舍知一人, 監幢五人, 史一人; 漢祇部·習比部, 監臣各一人, 大舍各一人, 舍知各一人, 監幢各三人, 史各一人.

위의 기록을 바탕으로 각 부에 배치된 관리의 수를 적시하면 다음과 같다.

① 양 부	감랑 1명	대나마 1명	대사 2명	사지 1명		사 6명
② 사량부	감랑 1명	대나마 1명	대사 2명	사지 1명	감당 5명	사 5명
③ 본피부	감랑 1명		감대사 1명	사지 1명	감당 5명	사 1명
④ 모량부	감신 1명		대사 1명	사지 1명	감당 5명	사 1명
⑤ 한기부	감신 1명		대사 1명	사지 1명	감당 5명	사 1명
⑥ 습비부	감신 1명		대사 1명	사지 1명	감당 5명	사 1명

위의 표에서 보듯 6개의 부는 관원 수와 格에서 서로 차이를 보인다. 그 중 양부와 사량부가 월등하고, 그 다음으로 본피부이다. 나머지 모량부, 한기부, 습비부는 앞의 부들과는 격이 많이 떨어져 있다.

이로 미루어 경덕왕이 삼모부인을 사량부인에 봉한 것은 결코 낮은 대우가 아니었음을 확인할 수 있다. 또한 이와 관련하여 '사량'의 이름을 가진 金入宅戶가 『삼국유사』 기록에 보이는 것이 주목된다.

2) 沙梁宅

『삼국유사』권1, 「진한」조에 金入宅의 각각의 명칭이 열거되어 있다.

> 신라전성시대에는 서울에 17만8천9백36호, 1천3백60방90), 55리(동), 35개의 金入宅(富潤한 大宅을 이른다)이 있었으니, 남택, 북택, 오비소택, 本彼宅, 梁宅, 지상택[本彼部], 재매정택(庾信公의 祖宗), 북유택, 남유택(反香寺 下坊), 대택, 빈지택(反香寺 北), 장사택, 상앵택, 하앵택, 수망택, 천택, 양상택(梁部의 南), 漢岐宅(法流寺 南), 비혈택(法流寺 南), 판적택(芬皇寺 上坊), 별교택(川北), 아남택, 금양종택(梁官寺 南), 곡수택(川北), 유야택, 사하택, 沙梁宅, 정상택, 이남택(亏所宅), 사내곡택, 지택, 사상택(大宿宅), 임상택(靑龍寺 東이니, 못이 있다), 교남택, 항질택[本彼部], 누상택, 이상택, 명남택, 정하택이었다.13)

위의 기록에서 沙梁宅이 보인다. 이와 함께 梁宅, 本彼宅, 漢歧宅 등 6부의 명칭을 가진 택호도 보인다.

사량택의 성격을 파악하기 위해서는 먼저 本彼宅에 주목할 필요가

---

13) 『삼국유사』권1, 「진한」조, "新羅全盛之時 京中十七萬八千九百三十六戶 一千三百六十坊 五十五里 三十五金入宅[言富潤大宅也] 南宅 北宅 亏比所宅 本彼宅 梁宅 池上宅[本彼部] 財買井宅[庾信公祖宗] 北維宅 南維宅[反香寺下坊] 隊文 賓支宅[反香寺北] 長沙宅 上櫻宅 下櫻宅 水望宅 泉宅 楊上宅[梁南] 漢歧宅[法流寺南] 鼻穴宅[上同] 板積宅[芬皇寺上坊] 別敎宅[川北] 衙南宅 金楊宗宅[梁官寺南] 曲水宅[川北] 柳也宅 寺下宅 沙梁宅 非上宅 里南宅[亏所宅] 思內曲宅 池宅 寺上宅[大宿宅] 林上宅[靑龍之寺東方有池] 橋南宅 巷叱宅[本彼部] 樓上宅 里上宅 椧南宅 井下宅."

있다. 金入宅 중 본피부 구역에 존재하는 3개의 택호가 보인다. 일연이 적기한 바와 같이 本彼宅, 지상택[本彼部], 항질택[本彼部] 등이 그것이다. 본피부에는 지상택과 항질택 등이 있지만 部名과 일치하는 本彼宅이란 이름이 따로 존재하고 있다. 이 本彼宅은 이기동이 지적한 바와 같이 本彼部 구역에 만들어진 '왕실의 離宮'으로 생각할 여지가 있으며, 나아가 部名을 가진 沙梁宅과 梁宅, 漢歧宅 또한 梁宮, 沙梁宮, 韓岐宮으로 볼 수 있는 것으로 여겨진다.[14]

그리고 왕실의 離宮에는 저택만이 존재했던 것은 아니었다.『삼국사기』권6, 문무왕 2년(662) 2월 조에 왕실 이궁으로 보이는 본피궁의 경제적 기반과 관련하여 중요한 기록이 보인다.

    論功, 中分本彼宮, 財貨, 田莊, 奴僕, 以賜庾信·仁問.

662년 2월 김유신과 김인문이 고구려 평양까지 군대를 이끌고 북상하여 당나라 장군 소정방에게 보급품을 전달했다. 가는 길에도 그러했지만 돌아오는 길에서 김유신 등은 고구려군과 대전투를 했고, 승리하기도 하고 고비를 넘겨 무사히 귀환했다. 문무왕이 그 공을 인정하여 본피궁의 財貨·田莊·奴僕 등을 김유신과 김인문에게 절반씩 나누어 주었다.

이렇듯 본피궁에는 재화가 있었을 뿐만 아니라 땅과 그것을 경작하고 운영할 수 있는 奴僕들도 딸려 있었다. 본피궁은 그 자체가 자급자족할 수 있는 하나의 경제단위를 소유하고 있었다고 보아도 좋을 것이다. 梁宮, 沙梁宮도 마찬가지였을 것으로 보인다.

---

14) 李基東,「新羅 金入宅」『新羅 骨品制社會와 花郎徒』한국연구원, 1980, 192쪽. 이기동에 의하면 왕실의 離宮을 某宅으로 호칭한 사례가 있다고 한다.『삼국사기』권10, 민애왕 2년(839)春閏 1월 조에 보면 "張保皐의 후원을 받은 金陽 군사에게 추격을 받던 민애왕이 月遊宅으로 도망을 가 숨었다(王聞 兵至命伊湌大昕大阿湌允璘 嶷勛等將兵拒之 又一戰大克 王軍死者過半 時 王在西郊大樹之下 左右皆散獨立 不知所爲奔入月遊宅 兵士尋而害之 羣臣以禮葬之 諡曰閔哀)"는 기록이 보이는데 이 월유택이 왕실의 離宮일 가능성이 있다고 하였다.

이보다 시대는 올라가지만 진평왕 대의 사량궁과 관련하여 아래와 같이 주목되는 사료가 보인다.

3) 沙梁宮

『삼국사기』권48, 列傳 제8 劍君 에 다음과 같은 기록이 보인다.

> 劍君은 구문 대사의 아들로 沙梁宮 舍人이 되었다. 건복 44년 정해 가을 8월에 서리가 내려 모든 곡식을 죽이는 바람에 이듬해 봄과 여름에 큰 기근이 들어 백성들이 자식을 팔아먹고 사는 형편이 되었다.
> 이때 宮中의 여러 舍人이 공모하여 唱翳倉의 곡식을 훔쳐서 나누어 가졌는데, 검군 만은 홀로 받지 않았다. 모든 사인이 말했다. "여러 사람이 모두 받았는데 그대만이 거절하니 무슨 일인가? 만일 적어서 그렇다면 더 주겠다."15)

建福 44년이면 진평왕 즉위 49년으로 서기 627년이 된다. 당시 자연재해로 인한 기근으로 백성들이 자식을 팔아 연명하는 사람도 생길 정도였다. 이때 사량궁에 근무했던 사인들이 唱翳倉에 곡식을 훔쳐 나누어 가졌다. 그런데 같은 사인인 검군 만이 이를 받지 않았다. 여기서 주목되는 것은 '사량궁을 운영하는 사인들이 존재했고, 사량궁 예하에 곡물 창고가 있었다'는 점이다. 사량궁에 딸린 田莊과 그곳에서 곡물을 생산하고 운반하는 奴僕들이 존재했을 가능성이 높다.

742~743년에 大宮에서 출궁한 삼모부인이 사량부인에 봉해져 사량궁에 거처하게 되었고, 田莊과 奴僕들이 있고, 財貨가 넘쳐 나는 그 이궁의 주인이 되어 舍人들을 거느리고 있었다고 보는 것이 결코 무리한 추측은 아닐 것이다.

---

15) 『삼국사기』권48, 劍君열전, "劍君 仇文大舍之子 爲沙梁宮舍人 建福四十四年丁亥 秋八月 隕霜殺諸穀 明年春夏大飢 民賣子而食 於時 宮中諸舍人同謀 盜唱翳倉穀 分之 劍君獨不受 諸舍人曰 衆人皆受 君獨却之 何也 若嫌小 請更加之."

이보다 26년 전 성덕왕비 성정왕후가 받았던 위자료 내용을 보아도 왕실의 이궁에 준하는 조건을 갖추고 있다. 『삼국사기』권8, 성덕왕 15년(716) 조에 다음과 같은 기록이 있다.

"왕이 성정[엄정이라고도 한다.] 왕후를 궁에서 내보내는데, 비단 5백 필·밭 2백 결·벼 1만 섬·저택 한 채를 내렸다. 그 집은 강신공의 옛집이었는데 이를 사준 것이다."16)

성덕왕은 위자료로 성정왕후에게 현금으로 비단 5백 필과 벼 1만 석을 주었다. 그리고 옛날 강신동이 사용하던 저택을 사서 주어 거처하게 했다. "宅一區"라는 표현으로 보아 저택은 왕경의 한 구획 크기에 해당하는 거대저택이었던 것으로 보인다. 향후 정기적인 수입을 보장할 수 있는 부동산인 밭 2백결도 있었다. 그녀는 현금으로 자기 집과 땅을 유지하고 부칠 수 있는 인력조직을 꾸릴 수 있었을 것으로 보인다.

구족왕후의 경우도 마찬가지이다. 『삼국사기』권10, 원성왕 원년(785) 조를 보자.

三月, 出前妃〈具足王后〉於外宮, 賜租三萬四千石.

785년 3월 원성왕은 혈연적인 관계가 먼 先王인 선덕왕의 비 구족왕후를 외궁으로 출궁시키면서 조 3만 4천 석을 주었다. 그녀는 현금 위주로 위자료를 받았던 것으로 보인다. 여기에 그녀의 의지가 개입되었는지 여부는 알 수 없다. 다만 그 시기에 곡물은 어느 것 보다 가치가 올라가고 있었던 것으로 보인다. 이듬해 기근으로 신라 왕경의 사람들이 굶주리자 원성왕은 9월과 10월 2개월에 걸쳐 6만 6천 석의 곡물을 방출했다. 즉 구족왕후가 받은 곡물의 양은 신라 왕경의 민초들이 한 달 먹을 수 있는 식량에 육박하는 수준이다.17) 곡물의 가격이

---

16) 『삼국사기』권8, 聖德王 15년(716) 조, "三月 出〈成貞〉[一云〈嚴貞〉.]王后 賜彩五百匹 田二百結 租一萬石 宅一區 宅買 〈康申公〉舊居 賜之."

앙등하던 그 기근의 시기에 그녀의 위자료는 田莊과 奴僕을 구입하거나 꾸릴 수 있는 충분한 가치가 있었던 것으로 보인다. 그녀가 입주한 외궁은 왕실의 離宮일 가능성도 배제할 수 없으며, 그곳에서 그녀는 아래 사람들을 거느리고 윤택한 삶을 누렸을 것으로 보인다.

이상 사량부인에서 '사량'과 관련된 沙梁部·沙梁宅·沙梁宮의 역사적 기록으로 미루어 보아 비록 삼모부인이 결손으로 인한 출궁이었지만, 사량부인에 봉해지며 위자료의 성격인 이궁인 '사량궁'에 거처하며 대단한 권력을 누렸을 것이며 경덕왕의 전처 삼모부인에 대한 배려와 예우의 정도가 상당했음을 알 수 있었다.

3. 景德王의 佛事와 三毛夫人의 시주

경덕왕 대는 어느 시기보다 佛事가 많이 이루어졌다. 이를 이해하기 위해서는 당대 사회·경제적 문제에 대한 이해가 필요하다.

신라가 통일을 이룩한 이후 세금을 수취할 수 있는 지역이 증가했다. 백제지역과 고구려 남부지역의 잉여 토지와 인력은 중대 왕권을 지탱하는 기둥이었다. 신문왕 대인 689년 진골 귀족들의 對民支配의 기반이었던 祿邑이 혁파되었고, 그들에게 祿俸이 주어졌다.

하지만 경덕왕의 아버지인 성덕왕 대부터 지속된 자연재해·흉년·기근이 신라의 재정적 건전성을 파먹기 시작했다. 성덕왕 대는 실은 중대의 절정기가 아닌 내리막길을 걷고 있던 시기라고 할 수 있다.

『삼국사기』에 기록된 천재지변 관련 기사의 통계를 보면, 전체 43종 584회의 기록 가운데 240회의 기록이 8~9세기에 집중적으로 나타나고 있다. 이는 다른 시기에 비해 두 배나 높은 수치이다. 왕의 치세에 따라 순서로 나열하면 성덕왕 42회, 경덕왕 28회, 혜공왕 28회 순으로 중대 후반기에 집중되어 있다.

---

17) 『삼국사기』권10, 원성왕 2년 조, "九月 王都民饑 出粟三萬三千二百四十石以賑給之 冬十月 又出粟三萬三千石以給之."

농업생산과 생존에 직접적 타격을 줄 수 있는 기근과 질병, 홍수, 가뭄, 눈, 서리, 우박, 곤충의 피해를 보면 8세기 전반 성덕왕 때부터 급증해 8세기 중엽에서 9세기 초반에 절정에 도달했다. 이러한 빈도의 천재지변은 신라 사회의 생산구조를 허물어뜨렸다고 할 수 있을 만큼 파괴적이었다.[18]

자연재해와 전염병을 극복하려는 중대 왕실의 의지는 있었다. 창고를 열어 사람들을 구휼하고, 기상 현상의 예측을 위해 누각박사나 천문박사를 채용하기도 했다. 또 의학생을 양성하거나 의박사를 늘리고, 국가 위기 때마다 의술에 뛰어난 사람을 특채하기도 했다. 하지만, 자연재해와 전염병의 원인을 알 수 없었던 일반 사람들의 불안감을 잠재울 수 있는 대응은 주술과 종교의 형태를 띨 수밖에 없었다. 병을 고쳐 주는 신통력을 가졌다는 약사불이 8세기 말에서 9세기 전반에 집중적으로 나타난 것도 이를 잘 말해주고 있다.[19]

아버지 성덕왕 대의 질곡을 누적적으로 물려받은 경덕왕 때에는 중앙과 지방에 걸쳐 수많은 불사가 이루어졌다. 745년 경덕왕이 사찰(敏藏寺)에 토지와 재물을 희사하는 기록이 보인다. 재위 4년째 들어선 경덕왕이 민장사에 시주한 것은 단순한 국왕의 佛心이라 볼 수도 없다. 당면한 자연재해와 전염병이라는 재앙과 무관하지 않았다고 여겨진다. 경덕왕이 민장사에 희사한 그해 상대등으로 임명된 金思仁도 오늘날 강릉지역에 위치한 无盡寺에 梵鐘佛事를 했다.

> 천보 4년 을유(745)에 思仁 大角干께서 부지산촌 무진사종을 주조하시고 기록하다. 이때 원하는 것은 (助在衆邸僧村宅方은 의미 미상) 모든 단월과 아울러 서원의 뜻을 이룬 자와 일체의 중생이 괴로움을 떠나 안락을 얻으시기를 서원합니다. 이룬 때의 唯乃는 秋長幢主이다.[20]

---

18) 윤선태외 3인, 『미래를 여는 한국의 역사』1, 웅진지식하우스, 2011, 209~284쪽.
19) 윤선태외 3인, 앞의 책, 209~284쪽.
20) 『譯註韓國古代金石文』Ⅲ,〔无盡寺鐘銘文〕"天寶四載乙酉思仁 大角干」爲賜夫只山村无盡寺鍾成」教受內成記時願助在衆邸」僧村宅方一切檀越并成在」願旨者一切衆生苦離樂得」教受成在節唯乃 秋長幢主」"

위의 銘文에 "일체의 중생이 괴로움을 떠나 안락을 얻으시기를 기원한다."라고 하고 있다. 이는 당시대에 언제 끝이 날지도 모르는 어려움을 반영하고 있다. 경덕왕 746년 4월에 사면이 있었다.

> 여름 4월, 죄수들을 대사하고, 백성들을 위한 큰 연회를 베풀었다. 150명이 승려가 되는 것을 허락하였다.[21]

굶주림에 지친 자들은 국법을 어기고 도적질을 하거나 곡식을 빌려 먹고 갚지 못해 노비가 되었으리라. 가혹한 기근에 굶어 죽지 못해 죄인이 된 자들이 수없이 많았을 것이다. 그들에 대한 사면을 시행하고 큰 잔치를 베풀어 위로했다. 동시에 150명이 승려가 되는 것을 허락했다. 사면과 승려의 생산은 당시 어려운 세상을 어루만지는 왕의 면모를 보여주는 행위였다. 하지만 누적된 자연재앙과 기근 그리고 영양실조 상태에서 급격히 퍼지는 전염병의 기세를 막을 수는 없었다.

> 가을에 가뭄이 들었고, 겨울에는 눈이 내리지 않았다. 백성들이 굶주리고 또한 전염병이 돌았으므로, 사방에 특사를 보내 백성들을 안정시키고 위로하였다.[22]

사면이 있었고 도첩이 하사된 이듬해인 747년에 위와 같이 기근과 전염병이 다시 신라 사회를 휩쓸었다. 백성들은 언제 끝이 날지도 모르는 기나긴 고통에 힘들어했다. 왕은 특사를 지방에 보내 마냥 백성들을 위로하는 수밖에 없었다. 어디까지나 왕이 백성들의 고통을 알고 있다고 전하는 것 같다.

불국사를 창건하는 大佛事가 있었다. 『삼국유사』권5, 「大城孝二世父母」조 마지막 부분에 다음과 같은 기록이 보인다.

---

21) 『삼국사기』권9, 景德王 5년 조, "夏四月 大赦 賜大酺 度僧一百五十人."
22) 『삼국사기』권9, 景德王 6년 조, "秋旱冬, 無雪. 民饑且疫, 出使十道安撫."

寺(불국사)에 있는 기록에 전하는 바로는 경덕왕대 大相인 大城이 天寶 10년 辛卯에 불국사를 짓기 시작했다.[23]

751년 재상인 김대성에 의해 불국사가 개창되기 시작했다. 사찰의 이름에서 불국토의 이상이 보인다. 이는 경덕왕에게도 큰 자극을 주었던 것 같다. 왕경 부근에 재상이 백성들을 위한 이상세계를 건설하고 있는데 왕 또한 가만히 있을 수 없어서일까. 경덕왕은 기적을 일으키는 승려 眞表에게 거액의 시주를 했다.

(眞表는) 風敎와 法化가 두루 미치자 여러 곳을 돌아다니다가 아슬라주에 이르렀다. 섬 사이의 물고기와 자라들이 다리를 놓고 물속으로 그를 맞아들였으므로 진표가 이곳에서 불법을 강의하니 그 물고기와 자라들까지도 계를 받았다. 그때가 곧 천보 11년 임진(752) 2월 15일이었다. … 경덕왕이 이 말을 듣고 그를 궁중으로 맞아들여 보살계를 받고 곡식 7만7천 석을 내렸다. 椒庭과 列岳들도 모두 계품을 받았으며, 비단 5백 단과 황금 50냥을 보시했다. 그는 이것을 모두 받아다가 여러 절(山)에 나누어 주어 널리 불사를 일으켰다.[24]

752년 2월 15일 아슬라주(강릉) 지방에서 불법을 강의하던 진표가 기적을 일으켰고, 그 소문은 왕경의 궁궐까지 들어갔다. 경덕왕은 진표를 궁중으로 맞이했고, 보살계를 받았다. 그리고 곡식 7만 7천 석을 시주했다. 진표는 시주받은 것은 모두 여러 사찰에 나누어 주었고, 널리 불사를 일으키게 했다.

왕의 시주는 불사로 이어졌고, 그것은 여기에 고용된 백성들에게 재분배되었다. 일종의 토목·건축·예술 사업을 전국적으로 일으켜 사람들을 먹고살 수 있도록 국가가 재정지출을 했던 것과 마찬가지의 효과

---

23) 『삼국유사』권5, 大成孝二世父母 조, "而寺中有記云. 景德王代 大相大城以天寶十年辛卯始創佛國寺."
24) 『삼국유사』권4, 義解 眞表傳簡 조, "風化旣周 遊涉到阿瑟羅州 島嶼間魚鼈成橋 迎入水中 講法受戒 卽天寶十一載 壬辰二月望日也. … 景德王聞之 迎入宮闕 受菩薩戒 嚫租七萬七千石 椒庭列岳皆受戒品 施絹五百端 黃金五十兩 皆容受之 分施諸山 廣興佛事."

를 낳았을 것으로 보인다.

椒庭과 列岳들도 모두 계품을 받았고, 그들은 비단 5백단과 황금 50냥을 진표에게 보시했다고 한다.

椒庭은 왕후의 대궐이다. 그곳에 거주하는 왕후와 휘하의 사람들이 시주를 했다. 당시 경덕왕의 왕후는 후비인 滿月夫人이었다.

여기서 더욱 주목되는 것은 列岳, 즉 왕의 외척들도 계를 받고 시주를 했다는 점이다.

椒庭과 列岳은 김순정 집안 이외에는 생각되지 않는다. 前考에서 밝힌 바와 같이 만월부인은 김의충의 딸이고, 김의충은 김순정의 아들로 삼모부인과 남매이며, 김순정의 손자인 김옹은 김의충의 아들로 만월부인과 남매 사이었다.25) 椒庭과 列岳의 범위에 삼모부인이 들어갈 가능성이 높고, 진표의 계를 받는 의례의 장소에서 왕과 언급한 왕의 외척들이 함께했을 가능성이 있다. 여기서 삼모부인은 경덕왕과 재회했을 수도 있다.

경덕왕과 이혼 후 先妃로서 외척이 된 삼모부인에게 그 자리는 쉽지 않았을 것이다. 하지만 만민에게 펼쳐지는 불법을 듣는 종교적인 자리이기에 왕궁에서 외척들이 수계를 받았을 당시 그녀가 그 자리에 있었을 가능성이 높다. 아마도 삼모부인은 부처의 이름으로 함께 하면서 과거의 아픔들을 묻으려 했을 것이고, 출궁 후 부인으로 책봉해준 남편의 배려에 대해 보답을 하는 기회로 삼았을 수 있다. 여하튼 그녀는 전남편의 거대 불사를 하는데 아주 든든한 시주자가 되어 주었다.

　　신라 제35대 경덕대왕이 天寶 13년 甲午에 황룡사 종을 주조하였는데, 길이는 1장 3촌이요, 두께는 9촌, 무게는 49만 7천 5백 81근이었다. 시주는 孝貞伊王·三毛夫人이요, 匠人은 里上宅 下典이었다. 肅宗 때 다시 새로운 종을 완성하니 길이가 6척 8촌이었다.26)

---

25) 이주희, 「水路夫人의 家族」, 『新羅文化』 44, 2014, 175쪽.
26) 『삼국유사』권3, 탑상4, 「황룡사종분황사약사 봉덕사종」조, "新羅第三十五景德大王 以天寶十三甲午 鑄皇龍寺鍾 長一丈三寸 厚九寸 入重四十九萬七千五百八十

경덕왕 13년(754)에 이왕 孝貞과 삼모부인이 시주를 했다는 내용이다. 여기서 삼모부인만 주목할 것이 아니라 그녀의 앞에 시주자로 등장하는 효정에 대해 살펴보자. 앞서 언급한 진표의 궁중 수계의식과 외척들의 참여 그리고 삼모부인의 황룡사 거종 시주를 연속선상에서 본다면 삼모부인과 함께 시주한 효정은 매우 주목되는 인물이다. 진표에게 수계를 받은 '列岳'은 경덕왕 아내 만월부인 친정 집안의 처삼촌이나 백부나 숙부를 의미하기 때문이다. 이때 삼모부인은 처고모로 처삼촌에 해당한다고 하겠다. 그렇다면 효정도 왕의 외척 가운데 하나일 것이다.

주지하다시피 효정과 삼모부인이 가까운 혈연관계였다는 지적은 일찍부터 있었다.27) 주보돈은 남매 사이로 보기도 했다.28) 그렇지 않다면 거대한 자금이 들어가는 시주를 함께 하기도 쉽지 않을 것이기 때문이다.

『삼국사기』권8, 성덕왕 13년·17년 조를 보면, 714년 정월에 효정은 中侍에 임명되어 718년 정월 퇴임할 때까지 그 자리에 있었다.29) 삼모부인의 아버지 김순정이 725년에 사망한 것을 고려하면 효정은 김순정과 같은 시기에 활동했던 인물이다. 이로 미루어 삼모부인과 김효정은 상당한 나이 차이가 있었던 것으로 보이며, 황룡사종을 주조한 754년 당시 상당한 고령이었다.

경덕왕이 태자로 있을 당시인 740년에서 742년 사이에 삼모부인과 '초혼'을 하였다는 점을 고려한다면30) 효정과 삼모부인은 한 세대 이상의 나이 차이가 있는 인물이다. 이렇게 볼 때 효정은 하마다 씨가

一斤 施主孝貞伊王·三毛夫人 匠人里上宅下典 肅宗朝 重成新鍾長六尺八寸."
27) 李基白,「新羅 執事部의 成立」, 震檀學報 25·26·27 (1964);『新羅政治社會史研究』一潮閣, 1974.; 濱田耕策, 新羅 聖德王代神鐘と中代の王室」,『新羅國史の研究』吉川弘文館, 2002, 39쪽.
28) 朱甫暾, 앞의 논문 2010, 74쪽.
29)『삼국사기』권8, 성덕왕13년(714) 조, "春正月, 伊湌孝貞爲中侍." 17年(718)조, "春正月, 中侍孝貞退."
30) 李永鎬,「新羅의 王權과 貴族社會」,『新羅文化』22, 2003, 27쪽.

추측한 바와 같이 김순정의 형제일 수도 있으며, 삼모부인의 백부나 숙부였을 가능성도 있다.31)

만일 그러하다면 다음의 설명이 어느 정도 가능하다. 김순정은 성덕왕 24년(725)에 사망하였고, 그 아들 김의충이 효성왕 3년(739)에 세상을 하직한 이후에도 김순정의 여식 삼모부인이 경덕왕의 전처가 되었고, 김의충의 여식 만월부인이 동왕의 후처가 될 수 있었다. 집안에 관록과 영향력을 가진 사람이 부재했다면 이는 상당이 어려운 일이다. 경덕왕 즉위 전후 당시 김옹이 있었다고 하나 그는 경덕왕 19년(759)년에 가서야 시중에 임명되었다. 이러한 한 집안의 딸들이 한 국왕과 연이어 결혼을 할 수 있었던 배경에는 효정이 건재해 있었던 것과 무관하지 않다고 생각된다.

황룡사 종 시주는 삼모부인이 출궁한 지 12년째가 되는 해에 이루어졌다. "35대 景德大王이 天寶 13년에 황룡사 종을 주조하였다"라고 하여 경덕왕을 주어로 표현하고 있다. 경덕왕의 황룡사 종 주조에 삼모부인이 시주자로 등장한다는 것은, 삼모부인이 경덕왕의 정책에 동참하고 있었다는 이야기이며, 출궁 후에도 삼모부인이 경덕왕과 긴밀한 관계를 보여주는 하나의 사례이기도 하다.32)

물론 황룡사 종 하나에만 해당하는 시주가 아니었을 것으로 보인다. 50 만근의 무게 육박하는 종을 걸어 두기 위해서는 거대한 종루가 필요했다. 황룡사에 대한 발굴조사가 있었다. 여기에 대한 신창수의 견해를 보자.

"현존하는 성덕대왕 신종을 능가할 정도의 거대한 銅鐘인 황룡사종의 鑄成 사실이 『삼국유사』에 기록되어 있는데, 경덕왕 13년(754)의 기록에 의하면 [길이는 1장 3촌이요, 두께는 9촌, 무게는 49만 7천 5백 81근이었다]으로 되어 있는데, 이와 같은 거대한 종이 시주되었다면 이 종을 걸 수 있는 鐘樓도 필요하게 되었으리라고 생각할 수 있다."33)

---
31) 濱田耕策, 앞의 책, 39~40쪽.
32) 김선주, 앞의 논문, 17~18쪽.

또한 그에 의하면 "황룡사의 중건가람은 경덕왕 13년(754)에 황룡사 大鐘이 鑄成되면서 건립되었을 것으로 추정되는 정면 5칸, 측면 5칸이며 평면이 동서로 긴 장방형의 건물을 회랑에 둘러싸인 內廷 즉, 가람 中心廓의 공간 속에 건립해야 할 필요성이 생겼던 것 같다. 따라서 두 건물을 구층 목탑의 동남쪽과 서남 면에 배치하게 되면서 황룡사의 가람배치가 새로운 모습으로 바뀌게 되었다. 이 鐘樓와 經樓의 신축으로 중건가람의 中門은 다시 남면으로 이동하게 되어…"34)라고 하였다.

이렇듯 황룡사 중건가람에 있어 종의 주조와 종루의 건립은 큰 의의가 있는 것이며, 김순정 집안의 후원과 특히 前王妃 삼모부인의 주도적인 역할을 배제할 수는 없을 것이다.

4. 소결

경덕왕은 아들에 집착했다. 그 자신도 형인 효성왕이 아들이 없어 왕이 된 사람이다. 동생도 없었던 그는 자신의 혈육 이외에 누군가에게 왕위가 가는 것은 참을 수 없었던 것 같다.

太弟 시절 자신보다 연상이었던 삼모부인과 결혼했으나 불임이었다. 왕위에 즉위한 경덕왕은 삼모부인에게 이혼을 요구했다. 자식을 본다는 것은 그에게 신성한 권리이자 의무였다. 주보돈의 지적대로 일부일처제가 지켜지던 신라왕실에서 正妃는 단 한 명이었다. 그녀의 소생 자식만이 왕이 될 수 있었다. 그러니 불임인 삼모부인으로서는 정비의 자리를 비워야만 했다. 이혼과 동시에 새로 왕비가 될 사람이 간택되었다. 삼모부인의 오라비 김의충의 딸 만월부인이었다.

경덕왕은 전남편으로서 삼모부인을 빈 몸으로 출궁시키지 않았다. 자신의 처족으로 신라의 최대 집안의 딸인 그녀를 결코 소홀히 할 수

---

33) 신창수, 「皇龍寺의 發掘成果」, 『新羅文化祭學術發表會論文集』22, 2001, 103~105쪽.
34) 신창수, 앞의 논문, 103~105쪽.

없었다. 그녀는 사량부인에 봉해졌다. 그것은 지체 높은 작호로서 사회적 지위와 부유한 경제적 삶이 보장되는 자리였다. 그녀는 신라왕실의 離宮 가운데서도 가장 규모가 큰 사량궁의 주인에 봉해졌다.

사량궁에는 대토지와 그것을 경작하는 노복 그리고 생산물과 재화를 채워 넣은 창고가 있었다. 시아버지인 성덕왕 대부터 자연재해와 흉작, 기근 전염병으로 이어지는 악순환이 지속되던 시기였다. 경덕왕 대 그것은 지속되었고, 국가재정은 압박을 받고 있었다. 그럼에도 경덕왕은 삼모부인에게 적지 않은 배려를 했다.

한편 경덕왕 대에는 중앙과 지방에 걸쳐 수많은 불사가 이루어졌다. 745년과 752년 사이에 경덕왕은 敏藏寺에 토지와 재물을 희사했고, 佛國寺 불사에 거액의 시주를 했으며, 진표에게 보살계를 받았고, 많은 곡식을 시주했다. 왕의 시주는 수많은 불사로 이어졌다.

그리고 초정과 열악들도 모두 계품을 받았고, 진표에게 보시한 기록들이 보인다. 이 列岳의 범위에 삼모부인이 들어간다. 삼모부인은 황룡사 불사에 시주하는 열악 가운데 한 사람의 시주자로서 경덕왕의 시주에 동참하게 된다.

결론적으로 이 불사에 동참한 김순정 집안의 후원은 황룡사 중건가람에 의미 있는 역할을 하였고, 또한 그것은 그 집안 어른 가운데 하나인 전 왕비 삼모부인의 주도적인 역할에 힘입은 바가 적지 않다고 할 수 있다. 이혼 후 경덕왕과 삼모부인의 긴밀한 관계없이 황룡사의 대불사는 이루어질 수 없었을 것이다.

이상 본고는 경덕왕이 결손으로 인해 비록 삼모부인을 출궁시켰지만, 沙梁夫人에 봉하여 상당한 지위와 권위를 유지하게 하였으며, 그에 준하는 경제력을 부여한 것이 바로 위자료임을 밝혔다.

그리고 경덕왕이 황룡사의 거종을 만든 때가 삼모부인이 출궁한 지 10여 년이 넘는 시기였으며, 그 삼모부인의 시주는 국가가 위급한 상황에서 경제력이 든든한 집안을 배경으로 한 외척의 시주자 가운데 한 명으로서 참여했다는 점이다.

V장.

金順彛家의 對日 交易과 藤原氏

수로부인의 남편인 김순정은 신라의 재상이었으며 『속일본기』에 뚜렷한 족적을 남긴 인물로 일본 조정에서 그의 죽음을 애도할 정도로 대일관계에 있어서 중요한 역할자였다.

김순정은 일본 고대 율령국가 형성에 큰 역할을 했던 藤原不比等(후지와라노 후히토)과 동시대에 활동했던 인물이다. 김순정 가문과 不比等(후히토)이래 藤原 씨 가문은 딸을 왕비로 들이는 등 외척 세력을 형성했으며 권력의 핵심 가문이라는 공통점을 갖고 있다. 그리고 두 가문은 3대에 걸쳐 대일관계에 있어서 부단한 노력을 기울인 공통점과 특이점을 갖고 있기도 하다.

두 인물의 생존 기간 동안 신라와 일본은 교역의 전성기를 구가하였다. 김순정가와 藤原 씨는 羅日 관계에 중요한 영향력을 행사했을 것으로 보인다. 지금까지 이 시기에 대한 기존 연구는 필자에게 많은 시사점을 주었다. 하지만 신라의 중대 정치사 연구에만 편중된 느낌이 든다. 그리고 김순정 집안의 대일교역에 대해서는 알려져 있었지만, 藤原氏와의 관계를 통해 살펴본 논고는 없었다.[1]

두 가문의 관계를 추적하면 나일 관계에 대해서 새로운 사실이 밝혀질 것이다. 먼저 藤原不比等과 김순정의 관계에 대하여 고찰해 볼 것이다. 다음으로 김순정과 藤原不比等이 사망한 이후 신라와 일본의 관계가 어떠한 파행을 걷게 되었는지 검토해 보겠다. 마지막으로 김순

---

[1] 鈴木靖民,「金順貞·金邕論」,『朝鮮學報』 45, 1967.
李昊榮,「新羅 中代 王室과 奉德寺」,『史學志』 8, 1974.
李昊榮,「聖德大王神鐘의 解釋에 관한 몇 가지 문제」,『考古美術』 125, 1975.
濱田耕策,「新羅 聖德王代神鐘と中代の 王室」,『呴沫集』 3, 1981.
金壽泰,「新羅 聖德王·孝成王代 金順元의 政治的 活動」,『東亞研究』 3, 1983.
金壽泰,「統一新羅期 專制王權의 崩壞와 金邕」,『歷史學報』 99·100, 1983.
金英美,「統一新羅時代 阿彌陀信仰의 歷史的 性格」,『韓國史研究』 50··51, 1985.
趙二玉,「統一新羅 景德王代의 專制王權과 祿邑에 對한 再解釋」,『東洋古典研究』 1, 1993.
박해현,「新羅 景德王代의 外戚 勢力」,『韓國古代史研究』 11, 1997.
申政勳,「新羅 景德王代 王權强化策의 性格」,『동서사학』 6·7, 2000.
李永鎬,「新羅의 王權과 貴族社會-중대 국왕의 혼인 문제를 중심으로」,『新羅文化』 22, 2003.

정의 손자 김옹의 집권기에는 대일교역 회복을 위해 어떠한 노력을 하였는지 생각해보기로 한다.

1. 신라 執政大臣 金順貞과 일본의 藤原不比等

709년 九州 筑紫 大宰府에 도착한 신라 사절단장 金信福이 奈良으로 향했다.

　　3월 14일 바다와 육지 양쪽으로 신라 사신 김신복 등을 맞아들였다.[2]

대재부에서 안내를 받은 김신복은 세토 내해를 거쳐 현 오사카인 難破에 도착하여 육로를 통해 나라로 입경했던 것으로 보인다. 45일 이상이 걸리는 여정이었던 것 같다. 5월 20일 김신복은 일본 조정에 신라의 특산물을 바쳤다.[3] 27일 일본 조정에서 그 답례를 했다.

　　金信福 등을 朝堂에서 접대하고 祿을 내렸는데 각기 차이가 있었다. 아울러 국왕(신라 성덕왕)에게 絹 2필, 美濃絁 30필, 絲 200구, 綿 150둔을 내렸다.[4]

김신복 일행에게 일본 조정은 주연을 베풀었을 뿐만 아니라 각 사람에게 차등 있게 祿을 선사했다. 그리고 신라 성덕왕에게 보낼 물건들을 주었다.

이 시기 만큼 신라와 일본 사이에 활발하고 각별한 관계였던 적은 없었다. 물론 당시 신라와 일본 사이에 활발한 교류를 주도하던 중심

---

2) 『속일본기』권4, 和銅 2년(709) 3월 辛未, "取海陸兩道. 喚新羅使金信福等."
3) 『속일본기』권4, 和銅 2년(709) 5월 乙亥, "…是日. 新羅使金信福等貢方物."
4) 『속일본기』권4, 和銅 2년(709) 5월 壬午, "宴金信福等於朝堂. 賜祿各有差. 并賜國王絹廿疋.美濃絁卅疋. 絲二百絇. 綿一百五十屯."

인물이 존재했던 것 같다. 이와 관련하여 주목되는 기록이 있다. 같은 『속일본기』권4, 和銅 2년(709) 5월 壬午(27일) 조를 보면 일본 조정의 右大臣 藤原不比等이 신라사 김신복 등과 대화한 기록이 있다.

> 和銅 2년(709) 5월 壬午, 그날 右大臣 藤原朝臣不比等이 新羅使를 弁官 廳內에 불러 말했다. 新羅國使는 예로부터 入朝하였으나, 일찍이 신라 집정대신과 담화한 적은 없었다. 그런데 오늘 대면하는 것은 두 나라 간의 우호를 맺고 왕래하여 화친을 이루고자 함이다. 新羅 使人 등이 자리에서 일어나 절을 하고 자리에 돌아가 대답하기를 "저희 사신 등은 본국에서 직책이 낮은 사람들입니다. 하지만 王臣의 教를 받아 聖朝에 이르게 되었습니다. 마침 아래를 교화하는 덕에 접하게 되니, 기쁜 마음을 심히 형용하기 어렵습니다. 하물며 의자에 앉히시고 친히 위엄스러운 얼굴을 대할 줄이야 어찌 알았겠습니까? 우러러 은혜로운 가르침을 받드니 심히 기쁘고도 두렵습니다."라고 말하였다.[5]

和銅 2년은 43대 元明天皇이 집권하던 시절이며 藤原不比等은 右大臣으로서 황족 다음의 최고위직 권신이다. 그의 아버지 中臣鎌足(나카토미 노 가마타리 614~669)은 645년 中大兄皇子(나카노오에황자, 이후 천지천황) 등과 함께 蘇我氏의 전횡을 타도한 大化改新의 주역으로서 중앙집권적 정치 개혁을 추진하여 율령국가의 기초를 마련하였다. 그리고 38대 천지천황으로부터 藤原(후지와라)라는 성을 받아 藤原 씨족의 시조가 되었는데, 이것은 천황의 최측근으로 가장 신뢰받는 신하였다는 것을 뒷받침한다. 이후 그의 차남인 不比等과 그의 자손만이 천지천황에게 받은 藤原氏라는 성씨를 승계할 수 있었고 太政官에까지 오를 수 있게 된다.

---

5) 『속일본기』권4, 和銅 2년(709) 5월 壬午, "是日. 右大臣藤原朝臣不比等引新羅使於弁官廳內.語曰. 新羅國使. 自古入朝. 然未曾与執政大臣談話. 而今日披晤者. 欲結二國之好成往來之親也. 使人等即避座而拜. 復座而對曰.使等. 本國卑下之人也.然受王臣教. 得入聖朝. 適從下風. 幸甚難言. 況引升榻上. 親對威顏. 仰承恩教. 伏深欣懼."

不比等은 그의 네 아들과 함께 藤原氏 가문의 번영 기초를 확립하였고, 두 딸 들은 각각 42대 문무천황(재위:683~707)과 45대 성무천황(재위:724~748)과 결혼하여 외척의 지위까지 확보하게 된다.

不比等은 지통천황 시기에 등장하게 되는데, 21세에 40대 천무천황(재위:673~686)과 그의 비인 지통천황 사이에 태어난 草壁皇子(쿠사카베)의 大舍人이 되었고, 초벽황자에게 황위를 전하고자 하는 그의 어머니 지통천황에게 협력하면서 실권을 잡게 된다. 초벽황자가 689년 불과 28세의 나이로 죽자 不比等은 지통천황을 중계역으로서 41대 천황(재위:687~697)으로 옹립하고, 697년 15세가 된 손자, 초벽의 아들인 輕(가루) 황자의 즉위를 실현했는데, 그가 바로 문무천황이다. 그리고 지통천황 사후에 不比等은 자신의 딸인 宮子가 낳은 首(성무천황)를 옹립하는 작업을 진행하며 독재체제를 완성하였다.6) 그리고 不比等 사후, 딸 光明子(고묘시)는 황족 출신만이 황후가 된다는 전례를 깨며 성무의 황후가 된다. 곧 성무천황은 不比等의 외손자이자 사위가 되는 셈이다.

이렇게 등원 씨 가문은 아버지 겸족으로부터 이어져 지통천황 시기부터 천황가의 가장 큰 조력자로서의 고위 관료 가문이자 외척 가문으로서 권력의 핵심부에 자리 잡게 되었다.

참고로 아래 <藤原不比等가문과 천황가의 혼인계보도>를 첨가한다.

---

6) 오야마 세이이치 지음, 연민수 서각수 옮김, 『日本書記와 '천황제'의 창출-후지와라노 후히토의 구상-』동북아역사재단, 2012, 218~244쪽.

<藤原不比等 가문과 천황가의 혼인계보도>

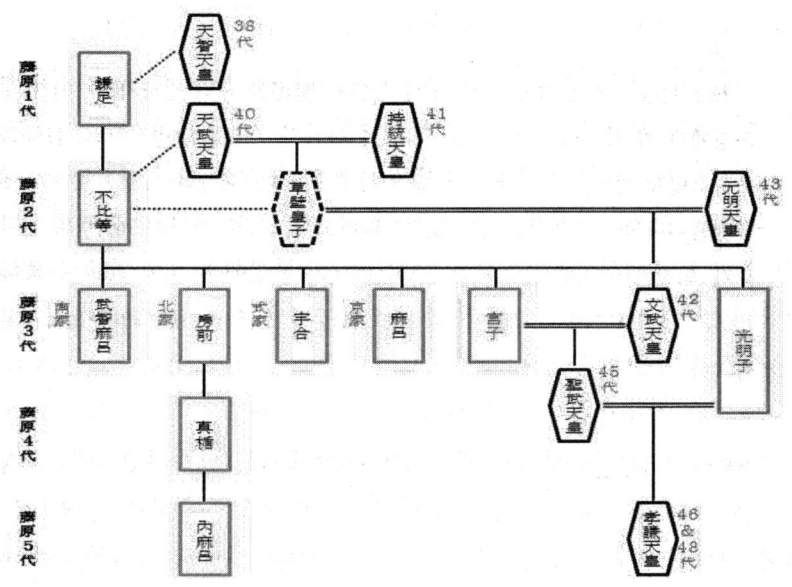

709년 5월 29일 不比等은 하위 직책의 신라 사신들을 만나서 다음과 같이 말했다. "나는 일찍이 신라집정대신과 담화한 적이 없지만, 너희를 만나는 것은 두 나라 간의 우호를 위함이다."라고 하자, 신라 사신이 다음과 같이 답변했다. "저희는 '王臣'의 敎를 받아 일본에 오게 되었습니다." 여기서 '王'은 성덕왕이고, '臣'은 신라집정대신이며, 김신복은 그 臣의 수하였을 가능성이 있다.

그렇다면 당시 신라의 집정대신은 누구를 지칭함인가? 『속일본기』권9, 神龜 3년(726) 5~7월 조 가운데 신라사와 관련된 기록을 보자.

①
夏五月 辛丑 일에 新羅使 薩湌 金造近 등이 來朝했다.
六月 辛亥일에 天皇이 臨軒한 가운데 新羅使가 調物을 바쳤다. 壬子일

에 김조근 등에게 朝堂에서 향응을 베풀었고, 祿을 내리되 差가 있었다.[7]

② 秋七月戊子에 金奏勳 등이 귀국하였다. 璽書를 내려 말하기를「이찬 김순정에게 칙 하노라, "그대 김순정卿은 나라의 국경을 안정시키고, 我朝를 충성스럽게 섬겨왔다." 공조사 살찬 김주훈 등이 "순정은 작년 6월 30일에 卒했습니다"라고 아뢰니, "슬프도다! 賢臣으로서 신라를 지키며, 朕의 팔다리가 되었는데 지금은 없구나. 나의 吉士가 죽었구나, 이에 贈物로 黃絁 100疋, 綿 100屯을 보낸다. 그의 공적을 잊지 않을 것이며, 遊魂에 포상을 하노라."[8]

①에서 신라사 薩飡 金造近 등이 來朝했다고 한다. 신라 사절단장은 김조근이 확실하다. 이는 김조근 등에게 朝堂에서 향응을 베풀고, 祿을 내렸다는 표현에서도 알 수 있다. 그런데 ②에서 貢調使인 薩飡 金奏勳 등이 보인다. 그들은 사절단장 金造近과 동일인이 아닌 그 일행 중 한 사람이었던 것 같다. 그 중 김순정의 죽음을 일본 조정에 보고한 김주훈은 김순정 집안의 근신이었을 가능성이 높다.

②에서 칙을 내리는 주체는 45대인 성무천황이다. 그는 초벽황자의 손자로 42대 문무천황의 아들이며, 不比等의 외손자이다. 성무천황이 신라의 대신 김순정에게 칙을 내리며 "경은 신라의 국경을 안정시켰으며 일본조정을 섬겨왔다"라고 했다. 곧 당시 신라의 대일교역 주도자가 이찬 김순정임을 알 수 있다. 이찬 김순정은 경덕왕의 전처 삼모부인의 아버지이며, 신라의 절세미인 수로부인의 남편이기도 하다.

김순정이 사망하자 성무천황은 특별히 그를 애도하는 칙과 함께 막

---

7) 『속일본기』권9, 神龜 3년(726) 5~6월 조, "夏五月辛丑. 新羅使薩飡金造近等來朝. 六月辛亥. 天皇臨軒. 新羅使貢調物. 壬子. 饗金造近等於朝堂. 賜祿有差."
8) 『속일본기』권9, 神龜 3년(726) 秋七月 戊子, "金奏勳等歸國. 賜璽書曰. 勅. 伊飡金順貞. 汝卿安撫彼境. 忠事我朝. 貢調使薩飡金奏勳等奏稱. 順貞以去年六月卅日卒. 哀哉. 賢臣守國. 爲朕股肱. 今也則亡. 殲我吉士. 故贈贈物黃絁一百疋. 綿百屯. 不遺尒績. 式奬遊魂."

대한 양의 부의물을 보냈다. 이는 신라와의 관계를 지속하고 싶어 하는 일본 조정의 의도가 있음을 알 수 있는 일화이다.

709년 不比等이 언급한 신라 집정대신도 김순정이며,9) 726년 성무천황이 칙서를 내린 사람 또한 김순정이다. 그러나 그해에 不比等은 이미 6년 전 세상을 떠나고 없었다. 하지만 藤原四子政權이라고 일컬어지는 그의 아들 네 명, 장남 武智麻呂(무치마로 680~737:南家의 조상)· 차남 房前(후사사키 681~737:北家의 조상)· 삼남 宇合(우마카이 694~737:式家의 조상)· 사남 麻呂(마로 695~737: 京家의 조상)이 조정에서 힘을 가지고 있었으며, 바로 이들이 신라와의 관계를 지속하려는 주역자 들이었다.

시대를 거슬러 올라가 不比等의 아버지 中臣鎌足도 신라의 金庾信과 관계를 맺으려고 했다. 668년 9월 평양성이 함락되고 고구려가 멸망할 무렵, 신라의 사절단 金東嚴 일행이 일본에 나타났다.10) 김동엄은 沙梁部 소속으로 김유신의 부하였던 것 같다. 천지천황 7년(668) 9월에 다음과 같은 기록이 있다.

26일 中臣 內臣이 沙門 法弁과 秦筆을 보내 신라 上臣 大角干 庾信에게 배 한 척을 사여하려고 東嚴 등에게 딸려 보냈다.
29일 布勢臣 耳麻呂를 사신으로 하여 신라왕에게 공물을 보내는 배 한 척을 東嚴 등에게 딸려 보냈다.11)

위의 두 기록을 통해서 양국 집정대신 간의 교류의 사례가 확인된다.

---

9) 709년 불비등이 언급한 신라 집정대신을 태종무열왕의 막내아들인 상대등 개원공으로 보는 견해가 있다(박남수,「신라 성덕왕대 상재 金순정과 대일교섭」『신라사학보』25, 2012).
10)『일본서기』권27, 天智 7년(668) 9월 癸巳, "新羅遣沙喙級湌金東嚴等進調."
11)『일본서기』권27, 天智 7년(668) 9월 丁未, "中臣內臣使沙門法弁・秦筆賜新羅上臣大角干庾信船一隻. 付東嚴等." 9월 庚戌, "使布勢臣耳麻呂賜新羅王輸御調船一隻 付東嚴等."

김순정 가문과 신라왕의 관계도

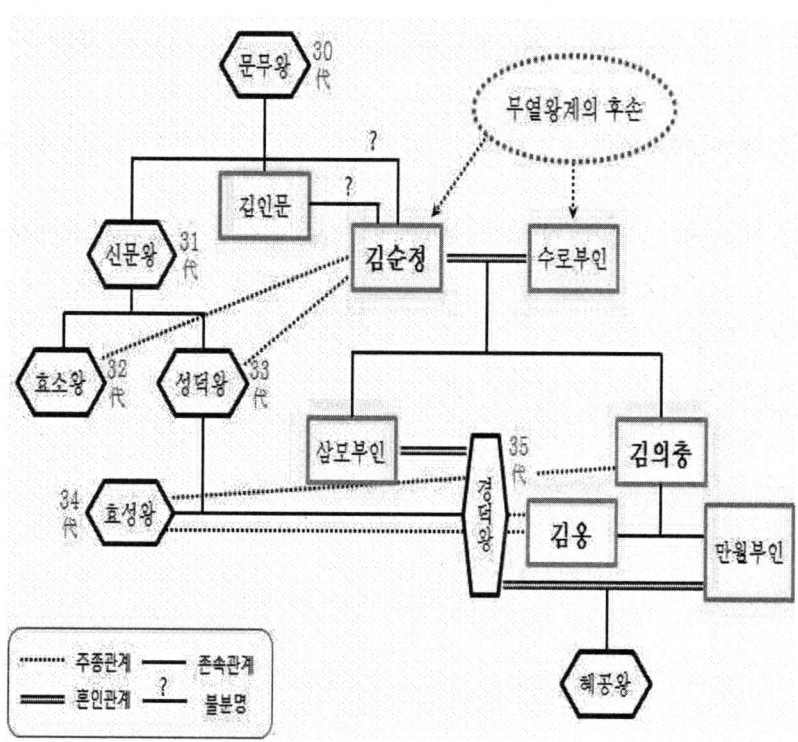

2. 당과 발해의 대결과 羅日關係 파행

732년 정월에 종 5위하 角朝臣家主가 신라에 파견되었다. 6년 정도 신라의 일본에 대한 사절 파견이 없었기 때문에, 藤原四子정권이 신라의 사신 파견을 촉구하는 사절을 보낸 것으로 생각해 볼 수도 있다.[12] 732년 3월 신라 사신 韓奈麻 金長孫 등 40인이 九州 大宰府로 갔고,[13]

---

12) 최근영 외, 『日本六國史 韓日關係記事 譯註』가락국사적개발연구원, 1994, 221쪽 註2 참조.

5월 11일에는 奈良 平成京에 들어갔다.14) 그리고 19일 신라 사신은 다음과 같은 공물을 바쳤다.

> 金長孫이 조정에 배알하여 여러 가지 財物과 함께 앵무새 1口, 구관조 1口, 사천 개 1口, 사냥개 1口, 당나귀 2頭, 노새 2頭를 바쳤다. 그리고 來朝年期를 물었다.15)

신라 사신이 일본에 보낼 신라 사신의 기한을 묻자 일본 조정에서는 3년에 한 번 오라고 했다.16) 신라가 일본을 上國으로 모시는 모습이다. 하지만 이것이 마지막이었다. 국제정세가 변하고 있었다.

732년(성덕왕 31년) 9월 발해가 당나라 산동의 등주를 공격하였다. 이는 동북아시아의 국제전쟁으로 비화하였다. 당 현종은 당나라 군대와 신라의 군사 10만 명을 내어 발해를 토벌하도록 했다. 신라 성덕왕은 이에 적극적으로 응했다.17)

733년 윤3월 발해왕 大武藝가 거란족과 함께 당의 영토인 馬都山에까지 이르러 城邑을 공격하였다. 그러나 당의 烏承玼에 의하여 저지되었고, 전쟁은 소강상태에 들어갔다. 734년 초가을에 내린 당 현종의 조서에 따라 신라는 한산주에서 북진하여, 한 달여 만에 대동강 이남의 지역에 도달했다. 그 결과를 당에 알리기 위해서 입당한 신라의 사절단장이 김의충(?~739 효성왕)이었다.18) 그는 김순정의 아들로 보

---

13) 『속일본기』권11, 天平 4년(732) 2월 庚子 조, "遣新羅使等拜朝."라고 하였고, 3월 戊申 조에 "召新羅使韓奈麻金長孫等於大宰府." 그리고 같은 책 丙寅 조에 "新羅使來朝."라고 하였는데 이는 그해 5월에 입경한 김장손 일행을 말하는 것으로 보인다.
14) 『속일본기』권11, 天平 4년(732) 5월 壬子, "新羅使金長孫等四十人入京."
15) 『속일본기』권11, 天平 4년(732) 5월 庚申, "金長孫等拜朝, 進種種財物, 幷鸚鵡一口. 鴝鵒一口. 蜀狗一口. 獵狗一口. 驢二頭. 騾二頭. 仍奏請來朝年期."
16) 『속일본기』권11, 天平 4年(732) 5월 壬戌, "饗金長孫等於朝堂. 詔. 來朝之期. 許以三年一度. 宴訖. 賜新羅王并使人等祿各有差."
17) 『삼국사기』, 「최치원전」의 大師侍中에게 올리는 글에 '發兵過海攻討'와 '蕃漢苦寒' 및 같은 책 「김유신」전에 '率兵會唐兵伐渤海'라는 기록이 나와 있다.
18) 『책부원구』권971, 외신부 조공 조, "(開元)23年 正月…新羅遣使 金義忠等 來賀正."

인다.19)

735년 정월 김의충 등 신라 사절단은 당나라 조정에 가서 신년을 축하했다.20) 신라로 돌아온 김의충은 당 현종이 한반도 패강 이남의 땅을 신라의 땅으로 인정해 주었음을 알렸다.21) 즉시 성덕왕은 기쁜 마음을 당 현종에게 표했다.22) 김의충은 당으로부터 패강 이남의 땅을 차지하는 것을 공인받는데 외교적 공로를 세웠다. 그해 일본 王京에 신라 사신이 도착했다.

> 天平 7년(735) 2月 癸卯, 新羅使 金相貞 등이 入京했다. 癸丑(27일) 中納言 正3位 多治比眞人縣守를 兵部曹司에 보내 물었다. "新羅使가 入朝한

박남수, 「新羅 聖德王代 浿江鎭 설치 배경」, 『史學研究』 110, 2013.
19) 濱田耕策, 「新羅の聖德大王神鐘と中代の王室」, 『新羅國史の研究』, 吉川弘文館, 2002, 186쪽.
20) 이보다 앞서 신라 경덕왕은 金思蘭을 당에 파견한 바 있다. 나당양국이 발해를 대적하는데 있어 패강 이남의 땅을 신라에 넘기는 것이 유리하다고 하는 성덕왕의 의견을 당 현종에게 전달했다. 『전당문』권285, 張九齡(纂)「勅新羅王金興光書」 "近又得思蘭表稱, 知卿欲於浿江實戍. 旣當渤海衝要, 又與祿山相望. 仍有遠圖, 固是長策. 且蕞爾渤海, 久已連誅. 重勞師徒, 未能撲滅. 卿每疾惡, 深用嘉之. 警寇安邊, 有何不可, 處置訖因使以聞, 今有少物, 答卿厚意, 至宜領取. 春暮已暄, 卿及首領並安好. 遣書指不多及." 기록을 보면 "근자에 또 思蘭을 통해 보낸 신라 성덕왕의 表稱을 당 현종이 받아 보고, 성덕왕이 浿江을 實戍하고자 함을 알았다"고 한다. 황제는 그곳이 발해와 대적하는데 衝要하고 또 祿山과 相望하는 곳이라 했다.
21) 『삼국사기』권8, 성덕왕 34년(735) 조, "春正月, 遣金義忠入唐賀正. 二月, 副使金榮在唐身死, 贈光祿少卿. 義忠廻, 勅賜浿江以南地."
22) 『책부원구』권971, 외신부 조공 조, 개원 24년(736) 6월 조, "六月新羅王金興光遣使賀獻, 表曰, 伏奉恩勅, 浿江以南宜令新羅安居, 臣生居海裔, 沐化聖朝, 雖丹素爲心而功無可效, 以忠正爲事而勞不足賞. 陛下降雨露之恩, 發日月之詔, 錫臣土境, 廣臣邑居, 遂使墾闢有期, 農桑得所. 臣奉絲綸之音, 荷榮寵之深, 粉骨糜身, 無絲上答."
『삼국사기』권8, 성덕왕 35년 조, "三十五年, 夏六月, 遣使入唐賀正, 仍附表陳謝曰 "伏奉恩勅, 賜浿江以南地境…… 錫臣土境, 廣臣邑居, 遂使墾闢有期, 農桑得所. 臣奉絲綸之旨,… (35년 여름 6월에 당나라에 사신을 보내 새해를 축하하고 아울러 표를 올려 사례하였다. "패강 이남의 땅을 준다는 은혜로운 칙서를 삼가 받았습니다.…신에게 땅을 주시어 신의 고을을 넓혀 주셨고, 드디어 개간할 기약이 있도록 해주고 농사짓고 누에칠 자리를 얻게 하였습니다."…)."

이유는 무엇인가?" 그런데 新羅國이 본래 이름을 바꾸어 王城國이라 하였다. 이 때문에 사신을 돌려보냈다.[23]

나당전쟁(670~676) 이후 신라는 일본과 당의 연결을 우려하여, 일본에 대해 저자세 외교로 일관하지 않을 수 없었다.[24] 성덕왕 대에 대일본 외교와 대당 외교는 일본을 일단 자기편으로 만들어 놓고 당과의 호혜 관계를 추구하는 과정이었다. 대일 교류를 전담한 김순정 가문은 이러한 환경에서 화려하게 등장했다. 시대의 변화에 따라 아버지는 대일관계에서, 그 아들 김의충은 대당관계에서 주요한 역할을 했다.

발해의 등장으로 당과 신라의 관계는 동맹으로 발전하였고, 신라는 더는 일본에 저자세 외교를 할 필요성이 없어졌다.[25] 신라가 자국을 王城國으로 칭했다.

736년 일본 조정은 신라에 사절단을 파견하였다.[26] 藤原四子정권이 사신을 보낸 것은 신라가 돌변한 이유를 확인하려고 했던 것으로 보인다.

견신라사 대판관 종6위상 壬生使主宇太麻呂. 소판관 정9위상 大藏忌寸麻呂 등이 入京했다. 大使인 종5위하 阿倍朝臣繼麻呂는 (사신의 배가) 津嶋에 정박 중에 죽었다. 副使인 종6위하 大伴宿禰三中 전염병(染病)에 걸려 부득이 입경하지 못했다.[27]

---

23) 『속일본기』권12, 天平 7년(735) 2월 조, "癸卯. 新羅使金相貞等入京. 癸丑(27일) 遣中納言正三位多治比眞人縣守於兵部曹司. 問新羅使入朝之旨. 而新羅國輒改本號曰王城國. 因茲返却其使."
24) 윤선태, 「752년 新羅의 대일교역과 『바이시라기모쯔게(買新羅物解)』-正倉院 소장「貼布記」의 해석을 중심으로」, 『역사와 현실』 24, 1997, 58~59쪽.
25) 윤선태, 앞의 논문.
26) 『속일본기』권20, 天平 8년(736) 2월 戊寅, "以從五位下阿倍朝臣繼麻呂. 爲遣新羅大使."
27) 『속일본기』권20, 天平 9년(737) 정월 辛丑, "遣新羅使大判官從六位上壬生使主宇太麻呂. 少判官正七位上大藏忌寸麻呂等入京. 大使從五位下阿倍朝臣繼麻呂泊津嶋卒. 副使從六位下大伴宿禰三中染病不得入京."

견신라사가 말했다. 신라국이 常禮를 잃어 일본사신의 뜻을 받아들이지 않습니다. 그 때 5위 이상 6위 이하 官人인 45인을 궁궐에 불러 의견을 말해 보라고 했다.28)

737년 정월 27일 견신라대사가 일본으로 귀국하여 奈良에 들어왔다. 2월 15일 대사인 종5위하 阿倍朝臣繼麻呂는 津嶋에 사신의 배가 정박하고 있는 중에 죽었다. 부사인 종6위하 大伴宿禰三中은 유행하던 병(染病)에 걸려 수도에 들어오지 못했다. 하지만 3월 28일에 가서 병든 부사가 조정에 소환되었다
견신라사 副使인 大伴宿禰三中 등이 조정에 들어와 拜朝했다.29)

부사는 신라의 돌변에 대해 더욱 상세한 보고를 했던 것으로 보인다. 물론 당시 신라와 당 그리고 발해의 국제관계변화에 대한 언급도 있었을 것으로 추정해 볼 수도 있다. 이로써 신라의 변절이 공식화되었다.
하지만 보다 큰 사건은 생각지도 못한 것에서 터졌다. 이때 '拜朝'는 천황과 중요 신하들이 모인 자리에서 보고한 것을 말한다. 전염병에 걸려온 부사와 함께 한 그 자리는 치명적인 결과를 낳았다.

參議民部卿 정3위 藤原朝臣房前이 薨했다. 대신에 해당하는 葬儀를 보냈으나 그 집안이 사양하고 받지 않았다. 房前은 贈太政大臣 정1위 藤原不比等의 둘째 아들이다.30)

---

28) 『속일본기』권20, 天平 9년(737) 2월 己未, "遣新羅使奏新羅國失常礼不受使旨. 於是召五位已上幷六位已下官人惣四十五人于内裏. 令陳意見."
29) 『속일본기』권20, 天平 9년(737) 3월 壬寅, "遣新羅使副使正六位上大伴宿禰三中等四十人拜朝."
30) 『속일본기』권20, 天平 9년(737) 4월 辛酉, "參議民部卿正三位藤原朝臣房前薨. 送以大臣葬儀.其家固辞不受. 房前贈太政大臣正一位不比等之第二子也."

737년 4월 17일이다. 不比等의 차남 藤原房前이 전염병에 희생되었다.

> (737년 6월 甲辰朔) 조회를 폐하였다. 百官의 官人들이 병을 앓았기 때문이다.[31]

천황은 조회도 폐하였다. 조회가 전염병의 온상이 된다는 것을 그는 엄청난 희생을 지불하고 난 뒤에야 알게 되었던 것 같다. 수많은 귀족 관리들이 감염되었고 죽어갔고, 7월 13일 不比等의 넷째 아들 參議 兵部卿 종3위 藤原朝臣麻呂도 죽었고,[32] 25일 不比等의 장남 藤原武智麻呂도 동생들을 따라갔다.[33] 끝까지 버티던 參議式部卿兼大宰帥 정3위 藤原朝臣宇合도 형제들을 따랐다.[34] 후지와라 사형제 정권 자체가 붕괴하였다.

『속일본기』권20, 天平 9년(737) 是年春 조는 그해를 이렇게 적고 있다.

> "그해 春에 疫瘡이 크게 발병하여 筑紫에서 발생하여 여름을 지나 가을까지 미치니 公卿 이하 천하의 백성들이 잇달아 죽어 헤아릴 수가 없었다. 지금까지 이런 일은 없었다."[35]

이후 752년 직전까지 여러 차례 신라사신이 일본을 찾았지만 奈良

---

31) 『속일본기』권20, 天平 9년(737) 6월 甲辰朔, "廢朝. 以百官官人患疫也."
32) 『속일본기』권20, 天平 9년(737) 7월 乙酉, "參議兵部卿從三位藤原朝臣麻呂薨. 贈太政大臣不比等之第四子也."
33) 『속일본기』권20, 天平 9년(737) 7월 丁酉, "勅遣左大弁從三位橘宿祢諸兄. 右大弁正四位下紀朝臣男人. 就右大臣第. 授正一位拜左大臣. 即日薨. 遣從四位下中臣朝臣名代等監護喪事. 所須官給. 武智麻呂贈太政大臣不比等之第一子也."
34) 『속일본기』권20, 天平 9년(737) 8월 丙午, "參議式部卿兼大宰帥正三位藤原朝臣宇合薨. 贈太政大臣不比等之第三子也."
35) 『속일본기』권20, 天平 9년(737) 是年春, "疫瘡大發. 初自筑紫來. 經夏涉秋. 公卿以下天下百姓. 相繼沒死不可勝計. 近代以来未之有也."

으로 오지 못하였고, 九州 大宰府에 머물다가 신라로 돌아가야 했다. 신라에서 왔을 수도 있는 그 전염병이 일본에 준 충격은 실로 컸던 것 같다. 이러한 예상치도 못한 역병의 소용돌이 속에서 일본에서 김순정 가문의 존재는 잊혀 갔고, 나일관계 또한 변화하는 국제정세 속에서 跛行의 길을 걸었다.

3. 金順貞의 손자 金邕의 羅日關係 회복 시도

752년 일본 奈良 東大寺 大佛 개안 식이 있을 예정이었다. 신라의 사절들도 초청을 받았던 것 같다.36) 신라의 대규모 사절단이 일본에 도착했다.37) 이는 일본 조정이 과거를 상기하게 했다. 천황은 다음과 같은 칙을 발하였다.

> 朝堂에서 신라사에게 향응을 베풀었다. 詔하기를 신라가 와서 조정을 받드는 것은 氣長足媛皇太后(신공황후)가 신라를 평정하고부터인데 지금까지 우리의 蕃屛이 되어 왔다. 그런데 前王 承慶과 대부사공 등은 말이 게으르며 지켜야 할 예를 잃었다. 이 때문에 사신을 보내 죄를 물으려 하는 사이에 지금 너희 軒英(경덕왕)이 앞의 잘못을 뉘우치고 몸소 조정에 오고자 하였다. 그러나 국정을 돌보아야하기 때문에 왕자 泰廉 등을 보내 入朝하게 하고 겸하여 御調를 공하였다. 짐은 그 정성을 매우 기쁘게 생각하는 바 進位하고 물건을 내려준다. 또 詔하기를 지금 이후 국왕이 친히 와 아뢰도록 하고 만약 다른 사람을 파견하여 入朝할 때는 반드시 表文을 가지고 오도록 하라."38)

---

36) 『속일본기』권18, 天平勝宝 4년(752) 정월 癸卯, "以正七位下山口忌寸人麻呂爲遣新羅使."
37) 『속일본기』권18, 天平勝宝 4년(752) 윤3월 己巳 , "大宰府奏. 新羅王子韓阿飡金泰廉. 貢調使大使金暄及送王子使金弼言等七百餘人. 乘船七艘來泊."
38) 『속일본기』권18, 天平勝宝 4년(752) 6월 壬辰, "是日. 饗新羅使於朝堂.詔曰. 新羅國來奉朝庭者. 始自氣長足媛皇太后平定彼國. 以至于今.爲我蕃屛. 而前王承慶大夫思恭等. 言行怠慢. 關失恒礼. 由欲遣使問罪之間. 今彼王軒英.改悔前過. 冀親

일본왕은 氣長足媛皇太后(신공황후) 때부터 신라가 일본을 섬겼다고 주장하고 있다. 그런데 신라의 전왕 承慶(효성왕)과 대부사공이 예를 잃었다고 한다. 일본의 시각이 반영된 이 기록은 효성왕 즉위 시 신라의 집정대신이 당시 누구인가를 알려주는 중요한 단서이다. 앞서 737년 2월 15일에 일본조정으로 돌아온 견신라사가 보고한 "신라가 상례를 잃고 일본 사신의 뜻을 받아들이지 않았습니다." 라는 기록을 보면 일본 사신은 대부 사공이 신라의 대일 외교 노선 결정에 영향력을 발휘한 것으로 보았던 것 같다.

思恭은 성덕왕 17년(718) 파진찬으로 집사부 중시에 임명되었고, 27년(728)에 이찬으로서 상대등에 올랐던 신라 정계의 거물이었다. 성덕왕 31년(732) 발해가 산동을 공격하자 그해 겨울 12월 사공은 장군에 임명되어 병력을 이끌고 임진강 이북 패강지역으로 향했다.

> 角干思恭・伊湌貞宗・允忠・思仁, 各爲將軍.[39]

위의 기록에서 알 수 있듯이 사공은 각간으로서 신라 정계에서 가장 높은 위치를 차지하고 있었던 것으로 확인된다. 당시 상대등이었던 사공은 집정대부였다. 그렇다면 당시 김순정의 아들로 보이는 김의충은 어떠한 위치였을까.『삼국사기』권9, 효성왕 원년 조를 보자.

> 孝成王立. 諱承慶, 聖德王第二子, 母炤德王后. 大赦. 三月, 改司正丞及左右議方府丞, 並爲佐. 以伊湌貞宗爲上大等, 阿湌義忠爲中侍.

737년 성덕왕이 사망하고 그 아들 효성왕이 즉위했다. 3월에 이찬 정종을 귀족회의 의장인 상대등에 임명하고, 아찬 김의충을 왕을 보좌하는 집사부의 수장 中侍에 임명했다. 김의충의 관등이 6위 아찬인 것

來庭. 而爲顧國政. 因遣王子泰廉等. 代而入朝. 兼貢御調. 朕所以嘉歡勤款. 進位賜物也. 又詔. 自今以後. 國王親來. 宜以辞奏. 如遣餘人入朝. 必須令齎表文."
39)『삼국사기』권8, 성덕왕 31년(732) 12월 조.

으로 보아 젊은 나이였다. 당시 김의충은 미래에 정계의 거물이 될 수 있는 경력과 가문의 소유자였다. 하지만 사공보다 관록이나 나이에서 밀리고 있었던 것으로 보인다.

무엇보다 그는 오래 살지 못했다. 739년 정월 중시 김의충이 죽었다.[40] 이후 일본의 기록에 김순정 가문이 등장하는 것은 35년 후였다.

①

(774년 3월 癸卯)…그날 신라국사 禮府卿 사찬 金三玄 이하 235인이 大宰府에 도착하였다. 河內守 종5위상 紀朝臣廣純과 大外記 외종5위하 內藏忌寸全成 등을 파견하여 來朝한 이유를 물었다. 三玄이 말하기를 "우리나라 왕의 敎(명령)를 받들어 과거의 우호를 닦고 서로의 사신 방문을 청하기 위함이다. 아울러 信物과 在唐大使 藤原河淸의 書를 가지고 來朝했다."라고 하였다.

②

그러자(일본 측이) "대저 옛날의 우호를 닦고 서로의 사신 방문을 청하는 일은 대등한 이웃이어야 하며 職貢을 바치는 나라로서는 옳지 않다. 또한 貢調를 國信이라고 고쳐 칭한 것도 옛것을 바꾸고 상례를 고친 것이니 그 뜻이 무엇인가?"라고 물었다.

(三玄이) 대답하기를 "本國(신라) 상재 김순정의 시절에 배와 노가 서로 이어졌으며 항상 職貢을 닦았다. 지금 其孫 김옹이 계위하여 집정하고 있어 가문의 명성을 좇아서 공봉하는 데 마음을 두고 있다. 이 때문에 옛날의 우호를 닦고 서로의 사신 방문을 청하는 것이다. 또한, 三玄은 본래 貢調之使가 아니다. 본국에서 문득 임시로 파견되어 土毛를 올리게 되었다. 그러므로 御調라고 칭하지 않고 감히 편의대로 진술한 것이며, 나머지는 알지 못한다."

---

40) 『삼국사기』권9, 효성왕 3년 정월 조, "拜祖考廟 中侍義忠卒 以伊飡信忠爲中侍."

③

이에 신라가 입조한 까닭을 물어보도록 한 사신 등에게 칙을 내려 "신라가 원래 신하를 칭하며 調를 바친 것이 예나 지금이나 다 아는 바이다. 그런데 옛날의 법규를 따르지 않고 함부로 새로운 뜻을 지어내 調를 信物이라 칭하였다. 조정에서는 우호를 닦기 위해 前例로 지금의 잘못을 바로잡는다. 특별히 예우하지 말고 바다를 건너는 식량만을 주어 조속히 돌려보내도록 하라."고 하였다.41)

위의 기록을 설명하기 위해 세 개의 부분으로 나누어 보았다. 편의를 위해 먼저 ②를 검토해보자.

774년 신라 사신 三玄이 대답한 내용은 이러하다. 신라의 상재 김순정의 시절에 일본과 활발한 교류가 있었고, 지금은 김순정을 이어 손자 김옹이 집정대신이 되었다.42) 그러므로 김옹이 옛날 일본과 교

---

41) 『속일본기』권33 寶龜 5년(774) 3월 癸卯, "是日. 新羅國使礼府卿沙飡金三玄已下二百卅五人. 到泊大宰府. 遣河内守從五位上紀朝臣廣純. 大外記外從五位下内藏忌寸全成等. 問其來朝之由. 三玄言曰. 奉本國王教. 請修舊好每相聘問. 并將國信物及在唐大使藤原河清書來朝. 問曰. 夫請修舊好每相聘問. 乃似亢礼之隣. 非是供職之國. 且改貢調稱爲國信. 變古改常. 其義如何. 對曰. 本國上宰金順貞之時. 舟楫相尋. 常脩職貢. 今其孫邕. 繼位執政. 追尋家聲. 係心供奉. 是以. 請修舊好每相聘問. 又三玄本非貢調之使. 本國便因使次. 聊進土毛. 故不稱御調. 敢陳便宜. 自外不知. 於是. 勅問新羅入朝由使等曰. 新羅元來稱臣貢調. 古今所知. 而不率舊章. 妄作新意. 調稱信物. 朝爲修好. 以昔准今. 殊無礼數. 宜給渡海料. 早速放還."
42) 763년 級飡 金體信이 이끄는 211명의 신라사절단이 일본에 이르자 奈良조정은 左少弁 종5위하 大原眞人今城 등을 파견하여 조사하게 했다. 그때 大原眞人今城은 김체신에게 향후 신라의 왕자가 아니면 '執政大夫'등으로 일본에 입조하게 하고 이 사실을 경덕왕에게 알리라고 했다.『속일본기』권24, 天平寶字 7년(763) 2월 癸未, "新羅國遣級飡金體信已下二百十一人朝貢. 遣左少弁從五位下大原眞人今城. 讚岐介外從五位下池原公禾守等.問以約束貞卷之旨. 體信言曰. 承國王之教. 唯調是貢. 至于餘事非敢所知.於是. 今城告曰. 乾政官處分. 此行使人者喚入京都. 如常可遇. 而使等約束貞卷之旨. 曾无所申. 仍稱. 但齎常貢入朝. 自外非所知者. 是乃爲使之人非所宜言. 自今以後. 非王子者. 令執政大夫等入朝. 宜以此狀告汝國王知." 경덕왕 말년 신라에 집정대부의 존재가 있었던 것을 일본 조정이 알고 있었던 것은 아닐까. 혜공왕이 태어난 이후 외척이었던 김옹의 정치적 입지는 강화되었던 것이 확실하며, 어쩌면 김옹은 경덕왕 말년에 집정대부가 되었을 수

역을 해왔던 김순정 가문의 명성을 가지고 과거의 나일우호관계로 돌아가고자 한다고 하였다.

당시는 신라의 혜공왕 대였다. 771년 당시 완성된「성덕대왕신종명문」을 보면 김옹은 혜공왕 7년에 上相 大角干으로 최상의 위계를 가지고 있었다. 여기에 대한 今西龍의 지적은 이러하다. "김옹은 검교사 병부령 겸 전중령 사어부령 수성부령 감사천왕사부령이고 동시에 검교진지대왕사사였다. 먼저 '검교'는 '성덕대왕신종이 주조된 것을 검교한다'는 뜻으로 보이며, 병부령은『삼국사기』직관지에서 "병부령 1명……관등은 대아찬부터 태대각간에 이르기까지 될 수 있다. 또한 재상을 겸직할 수 있다."라고 한 것과 딱 들어맞는다. 上相은 재상을 의미하며, 殿中令은 內省의 수장이다. 司馭府令은 乘府의 수장을 의미하고, 修城府令은 京城周作典의 수장인데 경덕왕 대에 개칭한 것이었다. 마찬가지로 監四天王寺府令은 본래 四天王寺成典의 監令인데 경덕왕 대에 바꾼 것이다. 마지막으로 그는 檢校眞智大王寺使이기도 했다. 중대 무열계의 직계조상인 진지왕을 모시는 왕실사찰의 수장이었다."[43]

기록으로 보아 김삼현 등 신라사절 235명의 일본 도착은 김옹의 의지가 반영되어있다고 여겨진다. 또한, 성공적인 교역에 대한 기대도 있었다고 할 수 있다. 하지만 ③에서와 같이 신라에 대해 일관된 고압적인 일본조정의 처사로 인해 좋은 결론에 이르지 못했다. 그러나 그렇게 단순하게만 볼 수 없다. 여기에 대해서는 뒤에 상세히 언급하겠다.

여기서 우리가 주목해야 할 것은 신라 사절단이 일본의 在唐大使 藤原淸河(후지와라노 키요카와)의 편지를 가지고 왔다는 점이다. 그는 당나라에서 35년간 체류한 藤原淸河이다. 藤原北家의 시조인 藤原房前의 넷째 아들로 唐名은 河淸이고 官位는 종3위·参議, 죽어서 증

도 있다.
43) 今西龍,『新羅史硏究』京城 近澤書店, 1933;『신라사 연구』(이부오 외역) 서경, 2008, 439~440쪽.

종1위가 되었다. 그의 아버지 藤原房前은 贈太政大臣 정1위 藤原不比等의 둘째 아들이다. 藤原不比等의 손자 藤原淸河와 김순정의 손자 김옹이다. 둘은 집정대신의 손자들로서 어느 정도 동질감을 가지고 있었을 수도 있으며, 어쩌면 김옹은 그를 이용하여 소원해진 대일본 외교를 긍정적으로 한 단계 올려보려고 했을 수도 있다.

藤原淸河는 752년에 입당하여 阿部仲麻呂와 함께 唐朝에서 벼슬하였다가 安史의 반란이 일어나 일본에 귀국하지 못했고, 777년 당나라에서 죽었다.44) 김옹은 입당 신라 사신들을 통해 藤原淸河의 존재를 알게 되었던 것 같다. 김옹이 그의 서신을 일본에 전달한 것은 이번이 처음이 아니었다. 770년 3월 4일 신라 사절단이 일본에 도착했다.

> 앞서 신라사에서 일본에 온 이유를 물으니 金初正 등이 말하기를 "(일본의) 在唐大使 藤原河淸과 학생 朝衡 등이 (신라의) 属宿衛王子 김은거가 귀향할 때 (일본) '鄕親'에게 보내는 편지를 부쳐 보냈습니다. 이 때문에 국왕(혜공왕)이 初正 등을 뽑아 河淸 등의 편지를 보내게 하였습니다. 또한 사신이 나아가는 편에 土毛를 바쳤습니다." 또 물어보기를 "신라가 貢調한 것이 오래되었다. 土毛라고 개칭한 그 뜻은 어디에 있는가."라고 하니 "문득 부수적으로 바치는 것이므로 調라고 칭하지 않았습니다."라고 대답하였다. 이에 左大史 외종5위 下堅部使主人主를 보내어 初正 등에게 이르기를 "앞에 온 신라의 사신 (金)貞卷이 귀국하던 날에 명령한 일에 대하여는 일찍이 보고하지 않고 이제 다시 한갓 사사로운 용무만을 가지고 왔으니, 그 때문에 이번에는 손님의 예로 맞이할 수 없다. 이제부터 이후로는 마땅히 전에 명령한 것과 같이 하여야 入朝한 사람이 일을 아뢸 수 있도록 할 것이며, 그를 평상시와 같이 대할 것이다. 모름지기 이러한 상황을 너희 국왕에게 알리도록 하라."고 하였다. 다만 在唐我使 藤原朝臣河淸 등의 편지를 전하여 준 노고를 가상히 여겨 大宰府에 명령하여 安置하고 향응을 베푼다. 마땅히 그것을 알라. 국왕(혜공왕)에게 祿으로 絁 25疋, 絲 100絇, 綿 250屯을 주었고, 대사 金初正 이하에도 주었는데 각기 차이가 있었다. 45)

---

44) 井上靖, 『天平の甍』新潮文庫, 1957 참조.

재당 숙위왕자 김은거가 신라로 귀국할 때 藤原清河 등이 일본에 보내는 편지를 부탁했고, 신라에 도착한 김은거는 그것을 신라 국왕인 혜공왕과 그를 보필하고 있던 집정재상 김옹에게 보고했던 것 같다. 770년 그 편지를 가지고 일본으로 간 신라 사절단은 奈良으로 들어가지는 못했다. 하지만 藤原清河 등의 편지를 전하여 준 노고를 생각해서 일본 조정이 大宰府에서 향응을 베풀어주었고, 신라 혜공왕에게 녹으로 비단 25필, 실 100구, 면 250둔을 주었다.

그러나 이로부터 4년 후인 774년에 藤原清河 등의 편지를 전해주었지만 거의 아무런 대가 없이 추방되었다. 그래서 신라사신 三玄이 과거 상재 김순정의 시절에 일본과 활발한 교류를 말하고 당시 김순정의 손자 김옹이 집정대신이 되었으니 옛날의 우호 관계로 돌아가고자 한다고 말하기까지 했던 것 같다. 770년과 774년 이렇게 대조적인 모습은 어디서 기인한 것일까.

우리는 여기서 藤原永手(후지와라노 나가테)의 존재에 대해서 주목할 필요가 있다. 그는 藤原房前의 차남으로 藤原清河의 작은 형이었다.46) 藤原永手는 天平神護 2년(766) 종2위로 우대신이 되었고, 정이위로 진급하여 좌대신이 되었다. 769년에 종1위로 진급했고, 같은 해 稱德天皇(쇼토쿠)이 病氣가 있자 近衛府・外衛府・左右兵衛府를 관할했다. 寶龜 원년(770)에 稱德天皇이 사망하자 우대신인 吉備真備 등

---

45) 『속일본기』권30, 寶龜 원년(770) 3월 丁卯, "初聞新羅使來由之日. 金初正等言. 在唐大使藤原河清. 學生朝衡等. 属宿衛王子金隱居歸郷. 附書迸於郷親. 是以. 國王差初正等. 令送河清等書. 又因使次. 便貢土毛. 又問. 新羅貢調. 其來久矣. 改稱土毛. 其義安在. 對言. 便以附貢. 故不稱調. 至是. 遣左大史外從五位下堅部使主人主. 宣告初正等曰. 前使貞卷歸國之日. 所仰之政. 曾無申報. 今亦徒持私事參來. 所以. 此度不預賓礼. 自今以後. 宜如前仰. 令可申事人入朝者. 待之如常. 宜以此狀. 告汝國王知. 但進唐國消息. 并在唐我使藤原朝臣河清等書. 嘉其勤勞. 仰大宰府安置饗賜. 宜知之. 賜國王祿絁廿五疋. 絲一百絇. 綿二百五十屯. 大使金初正已下各有差."
46) 그는 藤原房前의 正室인 牟漏女王(민달천황의 후손인 美努王의 딸)의 첫째 아들이다. 배다른 형인 장남 藤原鳥養은 측실(春日倉首老の女)의 아들이기 때문에 藤原永手(714~771)가 집안을 대표했다고 할 수 있다. 넷째 아들인 藤原清河도 다른 측실(片野朝臣の女)의 소생이다.

과 협의하여 白壁王을 擁立하여 光仁天皇에 즉위하게 했다.[47] 이후 그는 정1위에 昇叙되었다. 그러나 771년 2월 22일 병이 들어 58세의 나이로 세상을 등졌다.[48]

藤原永手의 사망은 藤原清河과 그의 편지를 전달한 신라 사절을 대하는 일본조정에 태도에 영향을 주었던 것 같다. 藤原永手가 광인천황을 옹립한 그해에 동생 清河의 편지를 가지고 도착한 신라 사신은 대재부에서 향응을 받았고, 혜공왕에게도 적지 않은 선물이 주어졌다. 하지만 그가 사망한 3년 후 도착한 김삼현 등은 일본조정에 신라의 집정대신 김옹을 언급했음에도 그대로 추방되었다.

우리는 여기서 일본조정에서 藤原永手의 득세를 주목하고 있었던 김옹에 대해 어느 정도 추정할 수 있다. 김옹은 藤原清河를 이용하여 형 藤原永手에게 접근해서 일본과의 관계를 정상화하려고 했던 것으로 보인다. 天智계인 광인천황을 옹립한 藤原永手가 771년에 사망하지만 않았다면 나일관계의 의례적인 골을 어느 정도 해소하고 활발한 교역을 했을 수도 있었다. 하지만 그의 이른 사망으로 김옹의 계획은 수포로 돌아갔다.

물론 이러한 김옹의 시도가 무의미한 것은 아니었다. 779년(혜공

---

[47] 『속일본기』 권30, 寶龜 원년(770) 8월 癸巳, "天皇崩于西宮寢殿. 春秋五十三. 左大臣從一位藤原朝臣永手. 右大臣從二位吉備朝臣眞備. 參議兵部卿從三位藤原朝臣宿奈麻呂. 參議民部卿從三位藤原朝臣繩麻呂. 參議式部卿從三位石上朝臣宅嗣.近衛大將從三位藤原朝臣藏下麻呂等. 定策禁中. 立諱爲皇太子."左大臣從一位藤原朝臣永手受遺宣曰. 今詔久. 事卒尔尔有依天諸臣等議天. 白壁王波諸王〈乃〉中〈尓〉年齒〈毛〉長〈奈利〉. 又先帝〈乃〉功〈毛〉在故〈尓〉太子〈止〉定〈天〉奏〈波〉奏〈流麻尔麻〉定給〈布止〉勅〈久止〉宣. 遣使固守三關.…"

[48] 『속일본기』 권31, 寶龜 2년(771) 2월 己酉, "左大臣正一位藤原朝臣永手薨. 時年五十八. 奈良朝贈太政大臣房前之第二子也. 母曰正二位牟漏女王. 以累世相門起家. 授從五位下. 勝寶九歲至從三位中納言兼式部卿. 寶字八年九月轉大納言. 授從二位. 神護二年拜右大臣. 授從一位. 居二歲. 轉左大臣. 寶龜元年. 高野天皇不豫時. 道鏡因以藉恩私. 勢振内外. 自廢帝齒. 宗室有重望者. 多羅非辜. 日嗣之位. 遂且絶矣. 道鏡自以寵愛隆渥. 日夜僥倖非望. 于宮車晏駕. 定策遂安社稷者. 大臣之力居多焉. 及薨. 天皇甚痛惜之.…"
吉川敏子, 「仲麻呂政權と藤原永手・八束 (真楯・千尋・御楯)」『續日本紀研究』 294, 1994;『律令貴族成立史の研究』 塙書房, 2006, 참조.

왕 15) 신라의 견일본사 파견과 외교가 이루어졌다. 이때 신라 사절의 일원이었던 薛仲業(元曉의 子孫)과 원효를 학문적으로 사모했던 일본 황족 淡海三船의 교환은 신라에도 알려질 정도로 화제가 되었다. 또한 애장왕 대(800~809)에도 활발한 일본과의 교류가 있었다. 이는 김옹이 대일교역 회복을 위해 노력한 결과라고도 할 수 있다.[49]

4. 소결

709년 5월 27일 당시 일본의 실력자 우대신 藤原不比等이 신라사 김신복 등을 직접 만났다. 김신복 등은 신라에서 대일외교를 주도한 執政大臣 김순정의 수하였던 것 같다. 不比等은 645년 천지천황과 함께 蘇我氏 정권을 타도한 大化改新의 주역인 中臣鎌足의 차남이다. 不比等 자손만이 천지천황에게 받은 藤原 씨를 사용할 수 있었다. 그리고 자신과 아들 사형제에 의해 가문의 기초가 마련되었고, 不比等의 두 딸이 각각 문무천황과 성무천황과 결혼하여 외척의 지위까지 확보했다.

不比等이 신라집정대신을 언급하고 자신이 신라의 낮은 사신과 만나는 것은 양국의 관계를 돈독하게하기 위함이라고 했다. 不比等과 김순정이 양국에서 재상으로 집정하고 있을 당시 신라와 일본 사이의 빈번한 교류는 전무후무했다.

726년 7월 신라의 貢調使 살찬 김주훈이 김순정의 죽음을 일본 조정에 보고했다. 그러자 천황은 다음과 같은 칙을 내렸다. "賢臣으로 자국을 지키고 짐의 팔다리가 되었는데 지금은 없구나. 나의 吉士가 죽었구나, 이에 부의로 황색 비단 100필, 면 100둔을 보낸다. 그의 공적을 잊지 않을 것이다. 遊魂에 포상한다."

이후 신라가 일본에 6년간 사신을 파견하지 않자 732년 정월에 藤

---

49) 여기에 대해서는 이기동교수의 상세한 논고가 있다(李基東,「薛仲業과 淡海三船의 交歡」,『歷史學報』134·135합집 1992;『新羅社會史研究』일조각, 1997, 182~194쪽.

原四子정권은 角朝臣家主를 신라에 보내 사신 파견을 촉구했다. 732년 5월 신라 사신 韓奈麻 김장손 등 40인이 奈良 平成京에 들어갔다. 이것이 순조로운 외교의 마지막이었다. 국제정세가 변하고 있었다.

732년(성덕왕 31년) 9월 발해가 당나라 산동 등주를 공격하였다. 당 현종은 范陽 번진의 당나라 군대와 신라의 군사 10만 명을 내어 발해를 토벌하도록 했다. 신라 성덕왕은 군대를 파견했다. 734년 신라군은 한산주에서 북진하여, 한 달여 만에 대동강 이남의 패강 지역을 확보하였다. 결과를 당에 알리기 위해서 입당한 신라의 사절 단장이 김순정의 아들 김의충이었다. 735년 신라로 귀국한 김의충은 당 현종이 패강 이남의 땅을 신라의 땅으로 인정해 주었음을 알렸다. 김의충은 당으로부터 패강 이남의 땅을 차지하는 것을 공인받는데 외교적 공로를 세웠다.

같은 해인 735년 일본에 신라 사신이 도착했다. 신라가 자국을 王城國으로 칭한 것은 그 본색을 드러내는 것이었다. 신라 사신은 일본에서 즉각 추방되었다. 나당전쟁(670~676) 이후 신라에 적대적이었던 당이 여전히 강대국으로서 건재해 있었다. 신라는 일본과 당의 연결을 우려하여, 일본에 대해 저자세 외교로 일관하지 않을 수 없었다. 대일교류를 전담한 김순정 가문은 이러한 환경에서 화려하게 등장했다.

하지만 발해가 등장하고 732년 당과 발해의 관계가 악화하자 당과 신라의 관계는 동맹으로 발전하였고, 신라는 더는 일본에 저자세 외교를 할 필요성이 없어졌다. 736년 2월 28일 阿倍繼麻呂가 견신라사로 임명되었다. 신라의 돌변 이유를 정확히 밝혀내는 것이 그 임무였다. 737년 정월 27일 일본으로 돌아왔다. 하지만 그들은 전염병을 옮아왔다. 正使는 도중에 죽었고, 3월 28일 副使인 大伴宿禰三中이 조정에 들어와 拜朝했다. 전염병에 걸려온 부사와 중요 신하들이 함께 한 자리는 치명적인 결과를 낳았다.

737년 4월 17일 不比等의 차남 藤原房前이 전염병에 희생되었다. 그해 가뭄과 역병이 겹쳤다. 수많은 시신을 땅에 묻히는 가운데 천황은 조회를 폐하였다. 수많은 귀족 관리가 죽어갔고, 7월 13일 不比等의 넷째 아들 藤原麻呂가, 25일 不比等의 장남 藤原武智麻呂, 끝까지 버티던 藤原宇合도 형제들을 따랐다. 후지와라 사형제 정권 자체가 붕괴하였다.

이후 752년 직전까지 여러 차례 신라 사신이 일본을 찾았지만 入京하지 못하고 신라로 돌아가야 했다. 전염병이 일본에 준 충격은 실로 컸던 것 같다. 일본에서 김순정 가문의 존재는 잊혀 갔다.

한편 737년에 신라에 온 일본 사신은 承慶(신라 효성왕)과 대부 사공이 예를 잃었다고 보고 한 것 같다. 여기서 주목되는 것은 대부 사공이다. 대부 사공은 718년 파진찬으로 집사부 중시에 임명되었고, 728년에 이찬으로 상대등에 올랐다. 732년 발해가 산동을 공격하자 장군인 각간 사공은 패강 지역으로 북진했다. 일본조정에서는 그를 신라를 대표하는 대부로 인식하고 있었다.

737년 3월 효성왕 대 즉위 후 아찬 김의충이 집사부의 중시에 임명되었다. 당시 김의충은 미래에 정계의 거물이 될 수 있는 경력과 가문의 소유자였다. 하지만 사공보다 관록이나 나이에서 밀리고 있었던 것으로 보인다. 장수하지도 못했다. 739년 정월 김의충이 죽었다. 일본의 기록에 김순정 가문이 등장하는 것은 이로부터 35년 후였다.「성덕대왕신종명」을 보면 김순정의 손자 김옹이 혜공왕 대 신라의 집정재상이 된 것이 확인된다. 770년 직전 신라 숙위 김은거가 不比等의 손자로서 재당일본대사인 藤原清河의 편지를 가지고 신라에 도착했다. 김옹은 그것을 기회로 삼아 일본과의 외교를 회복시킬 시도를 했다. 770년 그 편지를 가지고 일본으로 간 신라 사절단은 藤原清河의 편지를 전하여 준 노고에 대해 일본조정으로부터 大宰府에서 향응을 받았다. 그리고 일본조정은 신라 혜공왕에게 녹으로 비단 25필, 실 100구, 면 250둔을 주었다.

이로부터 4년 후인 774년에도 藤原清河 등의 편지를 일본에 전해주었다. 하지만 거의 아무런 대가 없이 추방되었다. 신라사신 삼현이 과거 상재 김순정의 시절에 일본과 활발한 교류를 말하고 당시 김순정의 손자 김옹이 집정대신이 되었으니 옛날의 우호 관계로 돌아가고자 한다고 말하기까지 했다. 하지만 아무런 소용이 없었다.

우리는 여기서 藤原房前의 차남인 藤原永手의 존재에 대해서 주목할 필요가 있다. 그는 藤原淸河의 작은 형이기도 했다. 藤原永手는 天平神護 2년(766) 좌대신이 되었다. 769년에 稱德天皇이 病氣가 있자 近衞府・外衞府・左右兵衞府를 관할했다. 寶龜원년(770)에 稱德天皇이 사망하자 우대신인 吉備眞備 등과 협의하여 白壁王을 옹립하여 光仁天皇에 즉위하게 했다. 이후 그는 정1위에 昇叙되었다. 그러나 771년 2월 22일 병이 들어 58세의 나이로 세상을 등졌다.

藤原永手의 사망은 藤原淸河과 그의 편지를 전달한 신라사절을 대하는 일본조정에 태도에 결정적인 영향을 주었던 것 같다. 김옹은 일본조정에서 藤原永手의 득세를 주목하고 있었던 것 같다. 김옹은 藤原淸河를 이용하여 형 藤原永手에게 접근해 일본과의 관계를 정상화하려 했던 것으로 보인다. 광인천황을 옹립한 藤原永手가 죽지 않았다면 나일관계는 정상화되었을 수도 있다. 하지만 그의 이른 사망으로 대일관계 회복은 수포로 돌아갔다.

물론 이러한 김옹의 시도가 무의미한 것은 아니었다. 779년(혜공왕 15) 신라의 견일본사 파견과 외교가 이루어졌고, 애장왕 대(800~809년)에도 몇 차례 교류가 있었던 것은 김옹의 노력의 결과라고 할 수 있다.

이상의 고찰을 통하여 8세기 나일 관계에 있어 김순정 가와 藤原 가문이 중요한 영향력을 행사하였음을 알 수 있었다.

◀ 글 맺음

    지금까지 수로부인과 그녀의 신분 가족들의 활동에 대해 살펴보았다. 이제 그것을 요약하는 것으로 맺음말에 대신하고자 한다.
    먼저 Ⅰ장에서 水路夫人의 '旅路', 북해통과 <헌화가>창작의 공간에 대해 고찰해 보았다. <헌화가> 창작의 공간인 "石嶂如屛臨海"했던 곳은 동해안의 어느 만에 입항하는 배에서 보이는 풍경일 것이다. '水路'란 이름이 이를 암시한다. 그녀의 남편 김순정은 바다 건너 일본과 교역을 주도했던 신라의 상재였다. 그녀의 집안 소속의 배들도 있었을 것이다.
    철쭉은 천장 높이(高千丈) 절벽 위에 있었고(上有) 수로부인은 아래에서 꽃을 보았다. 육로로 가다가 절벽아래 해안가로 내려가 절벽 위의 철쭉을 본 것이 아니다. 경주에서 강릉까지의 육로는 식솔들을 데리고 가기에 너무나 멀고 험난한 길이었다. 수로부인과 그의 남편 순정공은 702년 직후 배를 타고 강릉으로 향했을 가능성은 높다.
    연안 항해 시에 배는 간혹 항구에 들려 잠시 쉬어가야 했다. 그 가운데 노옹 등을 만났고 지역 사람들에게 목격되었을 것이다. 신라 최고위 신분의 가족들의 행차가 아닌가.
    2019년 5월 23일자 조선일보를 보면 심현용 학예연구사가 판독한 울진 성류굴(천연기념물 제155호)명문 '경진년명'이 소개되어있다. "庚辰六月日/柵作榏父飽/女二交右伸/眞興/王擧/世益者五十人" 해석해 보면 이러하다. 560년(진흥왕 21년) 6월○일, 잔교를 만들고 뱃사공을 배불리 먹였다. 여자 둘이 교대로 보좌하며 펼쳤다. 진흥왕이 다녀가셨는데 보좌한 이가 50인이었다.
    여기서 뱃사람(榏父)들이 등장한다. 음력 6월 남쪽에서 바람이 불어오는 한창 더운 시기에 진흥왕은 배를 타고 울진 성류굴 앞을 흐르는 왕피천 입구로 들어와 下船했던 것으로 보인다. 신라에서 동해안 연안 항해가 일찍이 발달하여 있었던 것을 짐작해 볼 수 있다.

Ⅱ장에서 수로부인의 신분에 대해서 생각해 보았다. 김순정은 성덕왕이 즉위한 702년 직후 어느 봄날 강릉태수로 발령을 받았고, 705년 성덕왕이 溟州(강릉) 오대산 眞如院에 방문했을 때 현지 관리로서 수행했을 가능성이 있다. 국왕의 강릉 행차를 맞이한 수로부인과 김순정의 모습이 그려진다.

강릉지방은 무열왕계의 영지였다. 신라에서 지방관은 자신의 영지가 위치한 곳에 부임되는 경향이 있다. 『삼국유사』권3, 탑상4「조신」전을 보면 강릉 지역을 영지로 소유한 무열왕손인 金周元의 증손 金昕이 낙산사 인근 지역의 태수로 등장한다.「聖住寺朗慧和尙碑文」을 보면 김흔은 무열왕의 아들 金仁問의 자손이다. 김순정은 김인문의 후손으로 자신의 영지를 관리하기 위해 강릉 태수로 갔으며, 그는 왕족이었다. 순정공과 수로부인은 무열왕의 직계 후손이었던 것으로 보인다. 그렇지 않았다면 그와 수로부인 사이에서 태어난 三毛夫人이 경덕왕의 正妻가 될 수 없다. 연구 성과에 따르면 통일신라기에 태종무열왕의 아들 7형제 집안들 사이의 내부 婚을 준수했고, 그들이 1골이 되어 非 무열왕의 후손인 2골의 진골 귀족과 차별을 주었다고 한다.

Ⅲ장에서 그녀의 가족 3대를 복원하고 그들의 활동에 대해 살펴보았다. 그녀와 남편 김순정과의 사이에 자녀 김의충과 삼모부인이 있었다. 경덕왕의 전처인 삼모부인은 불임이라 자식이 없었고, 김의충의 자녀로는 김옹과 경덕왕의 후처인 만월부인이 있었다.

수로부인의 남편 김순정은 강릉 태수로 재직하다가 왕경으로 돌아온 후 출세 가도를 달려 상재에 까지 올랐다. 그는 생존 시 일본과의 교역을 주도하다가 725년에 사망했다. 아들 김의충은 신라의 대당외교에 크게 공헌했다. 735년 그가 입당하여 당으로부터 대동강 이남의 땅을 공인 받았다. 하지만 그는 739년 왕을 보좌하는 집사부의 책임자 중시직에 있다가 사망한다. 딸 삼모부인은 740년 이후 효성왕으로부터 왕위계승을 약속받은 太弟 헌영과 혼인을 한다. 743년 그녀의 남편이 경덕왕으로 즉위했다. 하지만 그녀는 불임으로 이혼을 당하고 남편의 후처로 오라비 김의충의 딸 만월부인이 들어온다. 만월부인은 남편 경덕왕이 죽고 어린 아들이 혜공왕으로 즉위하자 섭정이 되었다. 그녀는 정사를 이끌어나가는데 오라비인 김옹에 의지했다. 당시 김의충의 아들 김옹은 上相으로 병부령, 전중령 외에도 여러 관직을 겸직했다. 그는 당시 최고의 실권을 장악하고 있었다. 이웃나라 일본에서도 수로부인의 집안은 이렇게 알려져 있었다. "상재 김순정의 시절에 사신의 왕래가 잦았고, 현재는 그 손자 김옹이 그 지위를 계승하여 집정하고 있다. 그 가문의 명성을 걸고 지금 일본과 교역하려한다."

Ⅳ장에서 그녀의 딸 三毛夫人에 대해 집중적으로 고찰해보았다. 삼모부인의 남편인 경덕왕은 아들에 집착했다. 太弟 시절 자신보다 연상이었던 자신과 결혼했으나 자식이 없었다. 왕은 삼모부인에게 이혼을 요구했다. 자식을 본다는 것은 그에게 신성한 권리이자 의무였다. 삼모부인으로서는 정비의 자리를 비워 주어야 이혼과 동시에 새로 왕비가 될 사람을 간택할 수 있었다.

경덕왕은 전남편으로서 삼모부인을 빈 몸으로 출궁시키지 않았다. 그녀는 사량궁부인에 봉해졌다. 이름뿐인 작위가 아니었다. 사회적 지위와 부유한 경제적 삶이 보장되는 자리였다.

745년과 752년 사이에 경덕왕은 민장사에 토지와 재물을 희사했고, 불국사 불사에 거액의 시주를 했다. 또한, 진표대사에게 보살계를 받고, 많은 곡식을 시주했다. 삼모부인도 황룡사 巨鐘 주조에 대시주자였다. 이혼 후에도 삼모부인은 국왕인 전남편의 불사에 참여하여 연을 이어갔다.

Ⅴ장에서 수로부인의 남편 김순정의 對日교역과 그의 죽음 후 벌어진 양국 사이의 외교 파탄에 대해 살펴보았다. 709년 5월 27일 당시 일본의 실력자 우대신 藤原不比等이 신라사 김신복 등을 직접 만났다. 김신복 등은 신라 집정대신 김순정의 수하였던 것 같다. 不比等은 일

본 최고의 권력자로 일본왕실의 외척이었다.

不比等과 김순정이 양국에서 재상으로 집정하고 있을 당시 신라와 일본 사이의 빈번한 교류가 있었다. 726년 7월 신라의 貢調使 살찬 김주훈이 김순정의 죽음을 일본 조정에 보고했다. 천황은 부물로 黃絁 100疋, 綿 100屯을 보낸다. 두 인물의 생존기간에는 신라와 일본은 교역의 전성기를 구가하였다.

그러나 720년에 藤原不比等이 이어 725년에 김순정이 사망한 이후 나일 관계는 파행의 길을 걷게 된다. 김순정 사망 이후 신라가 일본에 6년간 사신을 파견하지 않았다. 732년 정월에 不比等의 아들들인 藤原四子정권이 角朝臣家主를 신라에 보내 사신 파견을 촉구했다.

김순정의 사망이 양국에 교류에 타격을 준 것은 부인할 수 없다. 하지만 국제환경의 변화도 큰 몫을 했다. 과거 신라는 당과 전쟁(670~676)을 했다. 문무왕·신문왕·성덕왕 대(675~725) 일본과의 빈번한 교류는 국제적 고립을 피하고자 한 선택한 것이었다.

국제정세의 부침 속에 732년 당과 발해의 관계가 극도로 악화되자, 당과 신라의 관계는 동맹 수준으로 발전하였다. 세계 최대 부국인 당과 교류가 더욱 본격화되자 신라는 일본과의 교류에 소홀하게 되었다.

신라와 당의 관계가 가열되는 가운데 일본에 불만을 노골적으로 드러냈다. 737년 일본은 신라에 사신을 보내 교역을 强勸했다. 하지만 이 과정에서 생각지도 못한 사건이 일어났다. 일본사신 阿倍繼麻呂는 신라에서 疫疾에 감염되었고, 잠복한 상태로 귀국하여 외교문서를 전하기 위해 일본 왕과 귀족들이 모여 있는 조정에 나타났다.

이로부터 일본조정에 전염병이 옮아지게 되었고, 당시 실권자였던 藤原不比等의 네 아들이 모두 사망하여 藤原四子정권 자체가 붕괴했다. 그리고 김순정 가문의 존재도 일본에서 잊혀 갔다. 이로부터 35년 후 일본의 기록에 김순정의 손자 김옹이 등장한다.

그는 혜공왕 대 신라의 집정재상이 되어 대일관계를 회복시킬 시도를 했다. 즉 김옹은 不比等의 손자로서 在唐日本大使인 藤原清河의 편지를 사신을 통해 두 차례 일본조정에 전해주며 자신의 조부인 상재 김순정의 시절에 일본과 활발했던 교류를 상기시켰다. 그러나 마침 일본조정의 세력가였던 藤原淸河의 형인 藤原永手의 사망으로 인해 나일 관계는 더 이상 회복의 기미를 찾을 수 없었다.

　물론 이러한 김옹의 시도가 무의미한 것은 아니었다. 779년(혜공왕 15) 신라의 견일본사 파견과 외교가 이루어졌고, 애장왕 대(800~809)에도 몇 차례 교류가 있었던 것은 김옹이 노력한 결과라고 할 수 있다.

◀ 보론 ▶

신라 사신 餞別詩에 보이는 일본 矼政

『懷風藻』는 751년에 엮어진 일본 最古의 漢詩集이다. 『懷風藻』에는 7세기 말 近江朝(668년~672년)부터 8세기 奈良朝 후반(710년~778년)까지 64명이 지은 한시 116수가 수록되어 있다. 한국학계의 선행 연구로는 『懷風藻』에 실린 한반도 도래인 17인의 25편을 고찰한 연구가 있고,[1] 한일 고대 한시의 성격을 비교하는 데 주요 자료로 활용되기도 했다.[2]

통일전쟁 후 한반도에서 많은 사람이 일본으로 건너갔고, 『懷風藻』 서문에서 암시하듯 이들에 의해 일본의 문학 수준이 상승하였다. 하지만 『懷風藻』 속 도래인들의 작품에서는 고구려 신라 백제인으로서의 정체성은 전혀 찾아볼 수 없다.[3]

『懷風藻』에는 신라 사신을 전별하는 연회 자리에서 읊은 시 10수가 남아 있다. 수록된 순서대로 작자 명과 시 제목을 나열하면 다음과 같다.

① 山田思三方(야마다노미카타) 「秋日於長王宅宴新羅客」并序
② 背奈王行文(세나노유키후미) 「秋日於長王宅宴新羅客」
③ 調忌村古麻呂(쓰키노고마로) 「初秋於長王宅宴新羅客」
④ 刀利宣令(토리노미노리) 「秋日於長王宅宴新羅客」
⑤ 下毛野蟲麻名(시모쓰케노무시마로) 「秋日於長王宅宴新羅客」并序
⑥ 長屋王(나가야노오키미) 「於寶宅宴新羅客」
⑦ 安倍廣庭(아베노히로니와) 「秋日於長王宅宴新羅客」
⑧ 百濟和麻呂(구다라노야마토마로) 「秋日於長王宅宴新羅客」
⑨ 吉田連宜(요시다노요로시) 「秋日於長王宅宴新羅客」
⑩ 藤原總(房)前(후지와라노후사사키) 「秋日於長王宅宴新羅客」

---

1) 장원철, 「『회풍조』에 실린 한족 도래인의 한시에 대하여」, 『어문논집』 30, 고려대, 1991.
2) 이연숙, 「한일 고대 한시의 성격 비교 연구」, 『比較文學』 43, 한국비교문학회, 2007. 김성진, 「'회풍조'와 '문화수려집'을 통해 본 한일간의 문화교류」, 『동양한문학연구』 11, 1997.
3) 崔英成, 「『懷風藻』와 羅日間의 文學的 交驩」, 『新羅史學報』 25, 2012, 178쪽.

시 제목은 대부분 「秋日於長王宅宴新羅客」로 되어 있다. ⑥長屋王 만이 「於寶宅宴新羅客」로 되어 있는데, 이것은 詩宴의 주최자로서의 입장 때문이고 모두 같은 연회에서의 작품이다.4)

신라 사신의 答詩는 없다. 그러니 고대 한일 문인의 문학적 교류에 관한 연구도 쉽지 않으며, 신라 자체 내에도 그것과 동 시기에 창작된 한시가 거의 없어 문학적 비교연구는 상당히 제한적이라 할 수 있다.

그러나 이러한 제약에도 불구하고 10수의 전별시 속에서 당시 일본 국내 정계의 흐름과 아울러 신라와 일본의 외교 관계에 관해 연구할 여지는 있다. 신라 사신의 시는 없다고 할지라도 일본 조정에서 신라와 교류에 열정을 쏟은 관계자가 지은 시에는 그 자신 입장과 신라의 그것을 동시에 반영할 수도 있고, 신라와 새로운 교역을 원하는 사람이 지은 시 또한 그러하기 때문이다.

곧 대신라 외교의 당사자들인 藤原房前(후지와라노후사사키)과 長屋王(나가야노오키미)의 시 ⑩·⑥ 2수를 중심으로 신라 사신 전별시를 고찰하면, 당시 일본 국내 정계의 기류와 신라와 일본의 교류 관계의 단면을 읽을 수 있으며『회풍조』 및 전별시에 관한 연구의 폭을 넓히는 데도 의의가 있을 것이다.

주지하다시피 장옥왕(684~729)은 皇親 세력의 대표자이고, 藤原房前(681~737)은 외척 藤原氏 세력의 거두로서 각각 일본 조정 내의 최상층 권력자이자, 정치적 라이벌 관계이다. 이 적대적 관계의 인물들이 신라 사신과의 전별연에 배석하여 읊은 시에는 당연히 言外之意를 내포하고 있을 것이다. 그렇다면 어느 시기에 일본에 온 사신들인가를 파악하는 것이 선결 과제이다. 이 문제가 해결되어야만 작품의 시·공간적 배경을 정확히 알 수 있고, 시에서 시사하는 바도 이해되며, 나아가 일본 국내와 신라와의 정치 사회적 상황을 이해하게 되기 때문이다.

먼저 시의 창작 시기와 시 속에 나타나는 연회장의 모습을 최대한

---

4) 芹川哲世,「신라·발해 사신과 奈良 平安시대 문인 귀족의 한시 교류」,『Journal of Korean Culture 』11, 한국어문학국제학술포럼, 2008, 144쪽 및 詩와 작자 명단 참조.

검출해 보았다. 다음으로 장옥왕의 시에 대해 검토해보고 그가 어떠한 관력을 가진 사람인지 살펴보았다. 마지막으로 藤原房前의 시 속에 나타나는 사실을 당시 일본 조정의 대 내외 상황과 관련지어 보았다.

1. 신라 사신과 詩 창작의 시·공간

보통 외국 사신을 위한 연회는 외교 의례의 장이면서도 문학 교류를 통한 또 하나의 외교적 통로로써 자존심 대결과 아울러 양국 교류의 향방을 읽을 수 있는 중요 모임이며 인적 네트워크 구축의 장이기도 하다.

장옥왕宅에서의 가을 연회 역시 일본의 실력자들 재야인사들과 신라의 사절들이 어우러져 가을의 정취 속에서 전별을 위한 시 향연을 벌였다.

그렇다면 과연 어느 시기에 일본에 갔던 사신들이며 그들은 누구인가? 전별연의 抒情과 아울러 이 시기의 신라와 일본 정계 두 거물의 미묘한 기류를 읽기 위하여 일본에 사신 갔던 시기를 규명하고자 한다. 여러 가지 상황을 고려하면 다음의 3가지 경우를 상정할 수 있다.[5]

1) (719년 養老 3)

5월 을미, 신라 공조사 급찬 김장언 등 40인이 내조하였다.[6]

윤7월 정묘, 김장언 등에게 연회를 베풀고 국왕 및 장언 등에게 녹을 내렸는데, 차등이 있었다.[7]

계유, 김장언 등이 자기 나라로 돌아갔다.[8]

---

5) 齋藤麻子,「일본고대 문학 속의 신라인-8세기 자료를 중심으로-」『洌上古典硏究』 26, 2007, p.18.
6) 『속일본기』권8, 養老 3년(719) (음력 이하 생략) 5월 乙未, "新羅貢調使級湌金長言等卌人來朝."
7) 『속일본기』권8, 養老 3년(719) 윤7월 丁卯, "賜宴於金長言等,賜國王及長言等祿有差."
8) 『속일본기』권8, 養老 3년(719) 윤7월 癸酉, "金長言等還蕃."

2) (723년 養老 7)

8월 경자, 신라사 한내마 김정숙, 부사 한내마 석양절 등 15인이 와서 조공하였다.[9]

신축, 김정숙 등에게 조당에서 연회를 베풀었다. 대사례를 열고 아울러 제방악을 연주하였다.[10]

정사, 신라사가 자기 나라로 돌아갔다.[11]

3) (726년 神龜 3)

여름 5월 신축, 신라사 살찬 김조근 등이 조정에 왔다.[12]

6월 신해, 천황이 대극전에 나아갔다. 신라 사신이 조물을 바쳤다.[13]

임자, 김조근 등에게 조당에서 향연을 베풀어주었다. 녹을 내렸는데 차등이 있었다.[14]

가을 7월 무자, 김주훈 등이 나라로 돌아갔다. 새서를 내려 말하기를, 이찬 김순정에게 칙 하노니, '그대 경은 신라의 경계를 편안히 어루만지고 우리 조정을 충실히 섬겼다'라고 하였다. 그런데 공조사 김주훈 등이 아뢰기를, '순정은 지난해 6월 30일에 죽었습니다'라고 하였다. "슬프구나! 어진 신하로서 그 나라를 지키고 또한 짐이 신뢰하는 신하였으나 지금은 죽었으니, 내가 훌륭한 선비를 잃었구나. 이제 부의로 황색 비단 100필, 면 100둔을 내린다. 그대의 공적을 잊지 아니하고, 떠도는 혼을 칭찬하는 바이다"라고 하였다.[15]

---

9) 『속일본기』권9, 養老 7년(723) 8월 庚子, "新羅使韓奈麻金貞宿, 副使韓奈麻昔楊節 等一十五人來貢."
10) 『속일본기』권9, 養老 7년(723) 8월 辛丑, "宴金貞宿等於朝堂, 賜射幷奏諸方樂."
11) 『속일본기』권9, 養老 7년(723) 8월 丁巳, "新羅使歸蕃."
12) 『속일본기』권9, 神龜 3년(726) 여름 5월 辛丑, "新羅使薩湌金造近等來朝."
13) 『속일본기』권9, 神龜 3년(726) 6월 辛亥, "天皇臨軒, 新羅使貢調物,"
14) 『속일본기』권9, 神龜 3년(726) 6월 壬子, "饗金造近等於朝堂, 賜祿有差."
15) 『속일본기』권9, 神龜 3년(726) 秋7월 戊子, "金奏勳等歸國, 賜璽書曰, 勅, 伊湌金順貞, 汝卿安撫彼境, 忠事我朝, 貢調使薩湌金奏勳等奏稱, 順貞以去年六月卅日卒, 哀哉, 賢臣守國, 爲朕股肱, 今也則亡, 殲我吉士, 故贈賻物黃絁一百疋, 綿百屯, 不遺尒績, 式獎遊魂."

『속일본기』기록을 보면 '719년 5월에 일본에 온 신라 사신은 윤 7월 17일에 돌아갔고, 723년 8월 8일에 온 사신은 그달 25일에 신라로 향했고, 726년 5월 24일에 온 사신은 가을 7월 13일에 귀국했다'라고 하였다.

외국 사신을 위한 연회를 베풀었다면 초청자인 장옥왕의 사적인 행사로만 볼 수 없다. 주요 외교 의례의 하나이기에 그에 걸맞은 직위도 가져야 한다.

우선 719년에 온 신라사신은 장옥왕宅에 초대받았을 가능성이 거의 없다. 뒤에 언급하는 바와 같이 당시 장옥왕의 직책이 정3위 大納言에 불과했고, 그의 장인이기도 한 일본 정계의 居木인 藤原不比等이 그 위에 버티고 있었기 때문이다. 藤原不比等이 지은 5언시 5수가 『懷風藻』에 남아 있다. 그 시제는 다음과 같다. ①「元日應詔」1수 ②「春日侍宴應詔」1수 ③「遊吉野」2수 ④「七夕」1수이다. 이 가운데 장옥왕宅에서의 詩宴은 없었다.16)

다음으로 723년 8월 8일에 온 신라 사신을 위한 연회는 다음날 9일 왕궁의 朝堂에서 베풀어졌고, 활쏘기와 諸方樂이 연주되었다. 그리고 그들은 8월 25일에 귀국했다. 지나치게 짧은 체류 기간이었다. 바람과 조류의 문제로 신라에서 늦게 출발하게 되었고, 북풍이 본격적으로 불어오기 전에 떠나야 했는지도 모른다.

당시 장옥왕은 우대신으로, 죽은 不比等의 후임 자리에 있었다.17) 신라 사신을 위한 연회를 마련할 지위에 있다고 할 수 있다. 그러기에 723년 8월 25일 직후 신라사신이 장옥왕 저택 연회에 초청받았을 가능성도 없지는 않다.18) 그러나 ③ 皇太子 學士 정6위상 調忌寸古麻呂이 지은 시제「初秋於長王宅宴新羅客」에서 723년에 온 신라 사신이 아니라는 단서를 찾을 수 있다. 막연한 '秋日'이 아닌 '初秋'라고 명시했

---

16) 大友皇子 外, 고용한 역, 『懷風藻』 지식을만드는지식, 2010, 77~82쪽 참조.
17) 『속일본기』권8, 養老 5년(721) 정월 壬子, "以大納言從二位長屋王爲右大臣.…"
18) 芹川哲世,「신라발해 사신과 奈良 平安시대 문인 귀족의 한시 교류」, 『Journal of Korean Culture』 11, 한국어문학국제학술포럼, 2008, 144쪽 첫째 줄. 723년으로 봄

다.19) 723년에 온 신라사신의 귀국 날짜가 8월 25일이면 '晩秋'로 늦가을이다.20) 9월 初는 초겨울에 해당한다. 그러므로 723년 8월에 귀국한 신라 사신들은 아니다.

그렇다면 마지막 726년 秋 7월에 귀국한 신라사신 들로 귀결되는데, 그 이유는 다음과 같다.

장옥왕宅에서의 연회는 주로 봄과 가을에 적지 않게 열렸고, 신라사절단을 위한 연회는 그것 중 하나에 불과했다. 『懷風藻』에는 不比等의 셋째 아들 藤原宇合의 시 가운데 「秋日於左僕射長王宅宴」이라는 시제가 있다. '左僕射長王'은 좌대신 장옥왕이라는 뜻이다. 좌대신을 의미하는 그것은 大學頭 외종5위하 鹽屋連古麻呂의 시제 「春日於左僕射長屋王宅宴」, 但馬守 정6위상 百濟公和麻呂의 「初春於左僕射長王宅讌」, 大學頭 외종5위하 箭集宿禰蟲麻呂의 「於左僕射長王宅宴」, 陰陽頭兼皇后宮亮 정5위하 大津連의 「春日於左僕射長王宅宴」에서도 나온다.

즉 724년 2월 장옥왕은 최고위 관직인 좌대신에 임명된21) 이후 위와 같이 당당하고도 자연스럽게 자택에서 연회를 열었을 것이고, 公的인 성격의 외국사신 접대는 더욱더 그러했을 것이다.

이상 724년 정2위 좌대신이 된 권력자 장옥왕의 관직과 장옥왕 저택에서 지은 시제 「初秋於長王宅宴新羅客」에서 유추한 결과 장옥왕저택의 시향연에 초대된 신라 사신은 726년 5월에 와서 가을 7월에 귀국을 명받은 사신임을 알 수 있었다.

이제 이 시기에 사절 온 사람들에 대해 알아볼 차례이다. 이들은 신라와 일본 외교의 변곡점 위에 있는 장본인들로 『속일본기』의 기록과 같이 金造近과 金奏勳 등으로 보인다.22) 현재 학계에서는 김조근

---

19) 芹川哲世는 ③의 시 만은 初秋라 다른 연석에서 지어진 것으로 보았다. 그의 앞의 논문과 같음.
20) 大友皇子 外, 고용한 역, 2010, 앞의 책, 130~131쪽 참조.
21) 『속일본기』권9, 神龜 원년(724) 2월 甲午, "…又以右大臣正二位長屋王爲左大臣."
22) 小島憲之 校註, 『懷風藻』岩波書店, 1971, 10쪽. 최영성은 "현재 연대 추정의 근거로 小島憲之의 고증을 넘어서는 것은 없다."라고 한다. 崔英成, 2012, 앞의 글, 190쪽.

과 김주훈을 동일 인물로 보는 견해가 우세하다.23) 그렇지만 이름이 확연히 다른 두 사람을 같은 인물로 만드는 것은 무리가 있다. 김조근은 6월 辛亥 일에 천황에게 신라왕의 선물을 전달한 인물이고, 김주훈은 秋7월 戊子일에 신라의 실력자 김순정의 죽음을 알린 사람이다. 둘이 각자 맡은 역할 또한 엄연히 다르다. 한 사람은 신라 국왕의 업무를 담당했고, 한 사람은 김순정 집안의 업무를 담당했다고 보고 싶다.

그 이유는 다음과 같은 전례들이 있기 때문이다. 720년에 사망한 일본의 최고 실력자 藤原不比等은 신라의 집정재상 김순정(725년 사망)과 돈독한 관계를 맺은 것으로 보인다. 두 인물이 생존해 있을 때만큼 신라와 일본의 교류가 활발했던 적은 없다. 김순정 집안은 신라 국왕과는 별도로 일본과 공적으로 연결된 네트워크가 존재했을 가능성이 크다.24) 그의 죽음에 일본 천황이 직접 璽書를 보내고 엄청난 賻儀物을 회사한 것이 이를 증명한다.

藤原不比等의 아버지 中臣鎌足(藤原鎌足)도 신라의 최고 권력자인 김유신과 교류를 가진 적이 있다. 668년 9월 평양성이 함락되고 고구려가 멸망할 무렵이었다.

    668년 9月 12일) 신라가 沙喙部 급찬 김동엄 등을 보내 進調했다.
            26일) 中臣內臣이 沙門 法弁과 秦筆을 보내 신라상신 대각간 유신에게 선일척을 사여하고 동엄 등에게 딸려 보냈다.
            29일) 布勢臣耳麻呂를 사신으로 하여 신라 왕에게 공물을 보내는 배 한 척을 동엄에게 딸려 보냈다.25)

---

23) 현재 통설로 되어있다. 김조근과 김주훈은 한국과 일본 백과사전에도 같은 인물로 서술되어있다. 장원철, 1991, 앞의 글, 재인용.
24) 이주희, 「新羅 金順貞家의 對日交易과 藤原氏」, 『新羅文化』 47, 2016, 241~264쪽.
25) 『일본서기』권27, 天智天皇 7년(668) 9월 癸巳, "新羅遣沙喙級湌金東嚴等進調."
    『일본서기』권27, 天智天皇 7년(668) 9월 丁未, "中臣內臣使沙門法弁・秦筆賜新羅上臣大角干庾信船一隻,付東嚴等.' 9월 庚戌, 使布勢臣耳麻呂賜新羅王輸御調船一隻付東嚴等."

9월 12일 신라의 사절단 사탁부 급찬 김동엄 일행이 일본에 나타났다. 그러자 26일 中臣鎌足 內臣이 승려 法弁과 秦筆을 보내 신라상신 대각간 김유신에게 배 한 척을 선물했다. 그것은 일본과 신라 양국 권력자 간의 교류였다. 29일 천지천황도 布勢臣耳麻呂를 사신으로 파견하여 신라 문무왕에게 배 한 척을 보냈다. 왕들 사이의 교류였다. 곧 法弁과 秦筆은 中臣鎌足의 신하이고, 布勢臣耳麻呂는 천지천황의 신하였던 것으로 보인다. 그리고 신라의 사신 김동엄은 김유신과 같은 沙梁部 소속이다.

726년 초가을 7월 김조근과 김주훈 등 신라 사절 일행은 귀국에 앞서 당시 일본 정계 주도자인 장옥왕의 초대를 받았다. 장소는 장옥왕의 사저로 佐保에 있는 佐寶樓였다.

- 長屋王邸宅復元模型 -

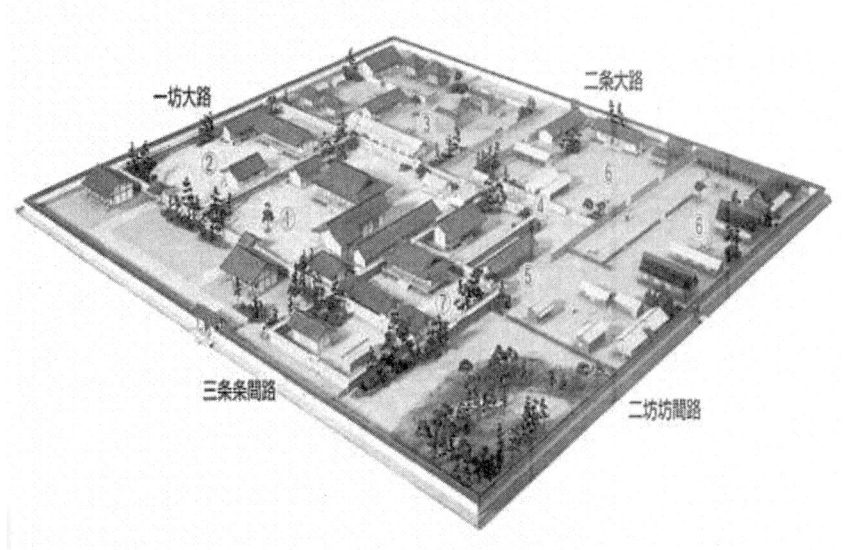

長屋王邸宅復元模型
①長屋王神殿 ②吉備內親王御所 ③舍人所 ④家令所 ⑤厨所 ⑥作業所 ⑦持仏堂? 新詳日本史—地図資料年表

10수의 시 중 2수의 병서가 있는데, 장옥왕 저택 연회장의 모습을 잘 묘사하고 있다.

大學助敎 종5위하 下毛野蟲麻呂의「秋日於長王宅宴新羅客」병서에는 장옥왕 저택 연회장의 모습이 잘 묘사되어 있다.

…장옥왕은 닷새의 휴가를 얻어 사호의 누각을 개방해 연회를 성대히 열도록 명하였고, 신라사절은 천 리 먼 여행길에 장옥왕의 雁池를 내려다보는 은혜를 입었도다.
그리하여 조각된 멋진 받침대들이 반짝이며 늘어서 있고 아름다운 비단 깔개는 한데 섞여서 조화롭다. 芝蘭 같은 군자들이 앉는 사방의 좌석은 석 자 거리를 두어 군자의 풍도를 이끈다. 멀리 가는 손님들을 위한 전별의 술병들이 한 치 간격으로 잇닿아 있어 현인들이 마음껏 술을 주고받을 수 있다. 거문고와 서책은 좌우에 있고 다양한 이야기로 웃고 즐긴다.…26)

또한 大學頭 종5위하 山田史三方은「秋日於長王宅宴新羅客」병서에 다음과 같이 전별연의 모습을 전한다.

술잔이 날아다니는 듯 오가며 주객 모두 술에 취해 한데 섞였다. 온갖 이야기 주고받으며 신분의 귀천을 잊는다. 郢曲과 巴音 등 여러 악곡이 울려 퍼지는 무대에 빨려든다. 담소하며 웃음꽃 피우고, 노을빛에 구슬의 광채는 더욱 찬란하다. …小山에 붉은 계수나무는 그 색깔 따라 여러 이별의 슬픔을 드리운다. 산비탈의 붉은 지란이 이리저리 향기를 흩날리며 마음을 함께 하게 한다.27)

---

26) 大友皇子 外, 고용한 역, 앞의 책, 2010, 135~139쪽. 大學助敎從五位下下毛野朝臣蟲麻呂「秋日於長王宅宴新羅客」並序,"…長王以五日休暇,披鳳閣. 而命芳筵, 使人以千里羈游, 俯雁池而沐恩盼, 於是雕俎煥而繁陳. 羅薦紛而交映. 芝蘭四座去三尺, 而引君子之風. 祖餞百壺敷一寸, 而酌賢人之酎. 琴書左右, 言笑縱橫.…"
『懷風藻』는 고용한 역을 기본서로 하되 문장과 시는 필자가 번역하였음.
27) 大友皇子 外, 고용한 역, 앞의 책, 2010, 135~139쪽. 大學頭從五位下山田史三方「秋日於長王宅宴新羅客」並序"…羽爵騰飛,混賓主於浮蟻,忘貴賤於窮蟻. 歌臺落塵. 郢曲與巴音雜響. 笑林開鬪, 珠輝其霞影相依.…小山丹桂, 流彩別愁之篇. 長

위의 두 並序에서 보듯 726년 초가을 좌대신 장옥왕은 조정에 5일 휴가를 내고, 자신 사저의 누각을 개방했다. 누각에서 아름다운 정원과 연못이 보였다. 궁중 예악이 갖추어진 자리에 일본의 관인과 재야인들 그리고 손님인 신라 사신들이 함께 하고 있다. 연회석에는 아름답게 조각된 그릇들, 화려한 빛깔의 비단 깔개들, 절도 있는 좌석의 배치와 술병의 배치 묘사로 자칫 흐트러져 보일 수 있는 연회 자리를 품격 있게 표현하였다. 음악이 연주되고 사람들이 어우러져 술잔을 주고받으며 창수하는 연회장 모습이 훤히 보인다. 물론 그 자리에는 신라 사신 김조근과 김주훈이 함께였다.

일본의 奈良文化財硏究所에서 1986년에서 1989년까지 奈良市 2条 대로 남쪽의 백화점 건설예정지에서 문화재 발굴조사를 했다. 1988년 4만 점의 木簡이 출토되었고 長屋王邸宅址으로 판명되었다. 그 가운데는「長屋親王」이라고 한 文字가 들어가 있는 木簡이 있었다. 장옥왕 저택은 平城宮의 동남쪽에 접한 고급주택가인 2条大路이고 남쪽은 曲水苑池의 정원인 平城京의 左京3条 2坊跡庭園과 마주하고 있다. 약 30,000제곱미터에 달하는 넓이이다. 현재 이토백화점(イトーヨーカド) 奈良店이 그 자리에 서 있다.[28]

坂紫蘭, 散馥同心之翼. 日云暮矣, 月將除焉.…兼陳南浦之送. 含毫振藻, 式贊高風云爾."
[28] アサヒグラフ編,『古代史発掘 新遺跡カタログ 88~90』(VOL.3) 朝日新聞社, 1991, 65쪽. 森田悌,「Ⅰ章.長屋王と木簡」(謂ゆる「長屋王家木簡」の世界)/「天平元年月紀の長屋王宅」,『王朝 政治と在地社会』吉川弘文館. 2005.

平城京, 長屋王과 藤原氏 저택 위치29)

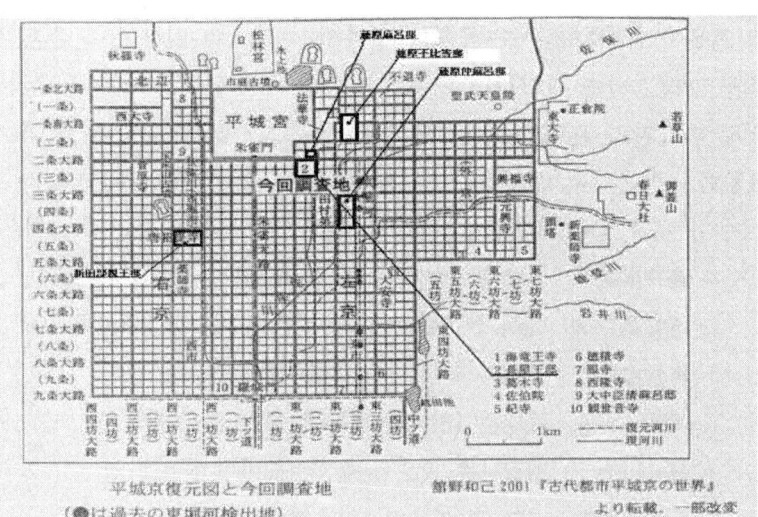

長屋王 저택 자리30)

---

29) http://blog.goo.ne.jp/ushiki111/e/55dfa05ab78b5326ce7b98265c088a8a
30) http://nmzk.blog.so-net.ne.jp/2011-08-11-1

2. 長屋王의「於寶宅宴新羅客」1首와 그의 官歷

726년 초가을 장옥왕이 김순정가의 사람으로 보이는 김주훈 등을 특별히 대접하는 전별연회를 마련한 것은 무엇을 의미하는가. 황친 세력의 대표자가 된 그가 신라에 자신의 존재를 알리겠다는 의지가 아니겠는가. 장옥왕이 신라 사신을 전별하며 지은 시를 보자.

高旻開遠照　높은 가을 하늘 사이로 아득히 석양이 비치고
遙嶺靄浮煙　멀리 산봉우리에는 뭉게구름 두둥실 걸려있네.
有愛金蘭賞　금란과 같은 귀한 우정을 나누고 사랑하여
無疲風月筵　풍월을 읊조리는 연회에 지칠 줄 모르네.
桂山餘景下　감탕나무 붉은 산엔 석양빛이 드리우고
菊浦落霞鮮　국화 핀 연못엔 저녁노을 선명하네.
莫謂滄波隔　아득한 푸른 물결로 떨어져 있다 아쉬워 말고
長爲壯思篇　마음껏 장대한 뜻을 시 한 편에 펼쳐 보세나.[31]

술과 음악 그리고 시가 만난 자리였다. 1~2행에서는 시를 짓고 읊는 당시 저 먼 석양녘의 하늘, 구름을 휘감고 있는 산봉우리를 아름답게 묘사하며 정서를 돋운다. 3~4행에서는 시선을 신라 사신에게 옮겨 '금란과 같은 귀한 우정을 나누고 사랑하여'라고 하여 향후 신라와 굳건하고 한결같은 교류를 원한다고 피력했다. 다시 시선을 가까운 산과 연못으로 옮겨 노을과 국화의 색으로 가을의 정취를 흠씬 즐기는 듯하다. 마지막 7~8행에서 '양국 사이가 푸른 바다로 멀리 떨어져 있다'라고 해서 양국 관계의 거리가 비록 멀지만, 그 거리는 '壯思'로 충분히 메꿀 수 있다고 하여 서로 간에 금란처럼 뜻만 유지된다면 외교적 교류는 더욱 강화될 수 있다고 하며 자신의 포부를 드러내고 있다.

---

31) 大友皇子 外, 고용한 역, 앞의 책, 2010, 144쪽 참조. 左大臣正二位長屋王 3首 중 하나, 五言「於寶宅宴新羅客」.

이처럼 장옥왕의 시에는 시 · 공간을 한껏 넘나들고 자연을 다채롭게 표현하며 권력자로서의 여유가 보인다.

한편 大學頭 종5위하 山田史三方이 지은「秋日於長屋王宅宴新羅客」1首 並序 맨 앞에 신라사신이 장옥왕을 대하는 모습이 보인다.

> 장옥왕은 사람(신라사신: 필자)을 경애하여 겸허히 옷깃 여미고, 거문고를 타며 술 마시는 연회를 성대히 베풀어 주셨다. 신라사절은 신라왕의 돈후하고 영광스러운 명을 받들고자 내조하여 봉황 같은 장옥왕을 추대하였다.[32]

장옥왕은 사절들을 위하여 예를 갖추고 연회를 성대하게 열었고, 신라 사신은 장옥왕의 모습에서 위풍당당함을 느꼈고 기쁘게 받들었다고 한다. 신라 사신은 일본에 새로운 권력자가 등장한 것을 실감했을 것이고, 그들은 이 사실을 신라에 전할 것이다.

藤原家와 교역의 주도자였던 신라 대신 김순정이 죽었다는 소식은 장옥왕에게는 희망이고 가능성이다.

장옥왕은 천무천황의 장자 高市皇子의 장남으로 천무천황의 적통이다. 그는 704년에 정4위상에 선임되었다. 無位였던 그가 곧장 고위직에 올랐다. 이는 같은 날 임명장을 받은 다른 황족들과 비교된다. 無位였던 大市王, 手嶋王, 氣多王, 夜須王, 倭王, 宇大王, 成會王 등은 종4위하를 받았던 것이다.[33]

5년 후인 709년에 장옥왕은 종3위로 진급하면서 宮內卿에 올랐고,[34] 藤原京에서 平城京으로 遷都가 단행된 710년에 式部卿이 되었다.[35] 이후 우대신 藤原不比等의 권력이 더 강해지자 장옥왕은 舍人

---

32) 大友皇子 外, 고용한 역, 앞의 책, 2010, 114쪽. 大學頭 從5位下 山田史三方 秋日於長屋王宅宴新羅客 1首 병서, "君王以敬愛之沖衿 廣闢琴樽之賞 使人承敦厚之榮命 欣戴鳳鸞之儀…"
33)『속일본기』권3, 慶雲 원년(704) 정월 癸巳, "詔以大納言從二位石上朝臣麻呂爲右大臣, 无位長 屋王授正四位上, 无位大市王, 手嶋王, 氣多王, 夜須王, 倭王, 宇大王, 成會王並授從四位下."
34)『속일본기』권4, 和銅 2년(709) 11월 甲寅, "以從三位長屋王爲宮內卿."
35)『속일본기』권5, 和銅 3년(710) 4월 癸卯, "以從三位長屋王爲式部卿."

親王 등 皇親 세력과 함께 이에 맞선다.36)

그러나 藤原不比等은 황친세력의 중심인물인 장옥왕과 타협점을 찾는다. 不比等의 차녀 藤原長娥子와 和銅 年間(708~714)에 결혼이 이루어졌던 것으로 보인다. 712년에서 713년 사이가 아닌가 한다. 둘의 금슬은 나쁘지 않았던 것 같다. 측실인 그녀와 장옥왕과의 사이에 安宿王·黃文王·山背王 등이 태어났다.

714년 정월에 장옥왕은 100戶를 封租全給받았으며,37) 716년에 정3위에 올랐다.38) 717년 좌대신 石上麻呂가 죽었기에39) 다음 해에 장옥왕은 非參議에서 中納言을 거치지 않고 곧장 大納言에 임명되어40), 太政官으로 우대신이었던 藤原不比等 다음 가는 지위에 올랐다.

720년 藤原不比等이 사망할 당시41) 그 아들들 藤原四兄弟(武智麻呂·房前·宇合·麻呂)는 아직 젊었다.42) 議政官에는 당시 參議에 있었던 房前 뿐이었다.43) 장옥왕이 정계의 주도자가 될 수 있는 길이 열렸다. 그야말로 장옥왕 정권이라 할 수 있는 시기는 이후가 될 것이다.

직후 장옥왕은 721년에 종2위 우대신으로,44) 724년 2월 성무천황

---

36) 舍人親王은 高市皇子의 이복동생으로 장옥왕의 삼촌이 된다.
37) 『속일본기』권6, 和銅 7년(714) 정월 壬戌, "從三位長屋王一百戶, 封租全給."
38) 『속일본기』권7, 靈龜 2년(716) 정월 壬午, "授從三位長屋王正三位."
39) 『속일본기』권7, 養老 원년(717) 3월 癸卯, "左大臣正二位石上朝臣麻呂薨, 年七十八, 帝深悼惜焉, 爲之罷朝, 詔遣式部卿正三位長屋王, 左大弁從四位上多治比直人三宅麻呂, 就第弔贈之."
40) 『속일본기』권8, 養老 2년(718) 3월 乙巳, "以正三位長屋王, 安倍朝臣宿奈麻呂並爲大納言."
41) 『속일본기』권8, 養老 4년(720) 8월 辛巳朔, "右大臣正二位藤原朝臣不比等病."
『속일본기』권8, 養老 4년(720) 8월 癸未, "是日,右大臣正二位藤原朝臣不比等薨, 帝深悼惜焉, 爲之廢朝, 擧哀内寢,特有優勅, 弔贈之礼異于群臣, 大臣近江朝内大臣大織冠鎌足之第二子也."
42) 『속일본기』권8, 養老 3년(719) 정월 壬寅, "授從四位上路眞人大人, 巨勢朝臣邑治, 石川朝臣難波麻呂, 大伴宿禰旅人, 多治比眞人三宅麻呂, 藤原朝臣武智麻呂, 從四位下多治比眞人縣守並正四位下, 從四位下阿倍朝臣首名, 石川朝臣石足, 藤原朝臣房前並從四位上."
43) 『속일본기』권7, 養老 원년(717) 10월 丁亥, '以從四位下藤原朝臣房前參議朝政.'
44) 『속일본기』권8, 養老 5년(721) 정월 壬子, "授正三位長屋王從二位, 正四位下巨勢朝臣祖父, 大伴宿禰旅人, 藤原朝臣武智麻呂, 從四位上藤原朝臣房前並從三位,…

이 즉위한 날, 정2위 좌대신으로 진급했다.

(갑오일) 이날, 1품 사인친왕에게 封 500 戶를 더하였다. 2품 新田部親王에게 1品을 주었다. 從3위 장옥왕에게 정2위를, 정3위 多治比眞人池守에게 봉 50호를 더하였다. 종3위 巨勢朝臣邑治, 大伴宿禰多比等, 藤原朝臣武智麻呂, 藤原朝臣房前에게 정3위와 함께 봉을 더하고 물품을 주었다. 또 우대신 정2위 장옥왕을 좌대신으로 삼았다.45)

황친세력에 대한 대대적인 포상과 관위 진급이 있었다. 장옥왕의 삼촌인 1품 사인친왕은 5백호를 봉받았고, 삼촌인 2품 신전부친왕은 1품을 받았으며, 종2위였던 장옥왕 자신은 정2위가 되어 좌대신에 올랐다. 한편 외척으로 종3위였던 武智麻呂・房前 형제는 정3위가 되고, 더하여 賜物이 주어졌다. 皇親과 외척인 藤原 씨는 여자들에게도 격의 차이가 존재했다.

(724년 2월) 병신일, 칙을 내리기를 "정1위 藤原夫人을 높여 大夫人으로 칭하라"고 하였다. 3품인 田形內親王, 吉備內親王에게 아울러 2품을, 종4위하 海上女王, 智奴女王, 藤原朝臣長娥子에게 아울러 종3위를, 정4위하 山形女王에게 정4위상을 주었다.46)

새 천황이 즉위하고 왕후와 황친과 그 부인들에 대한 관위 수여가 있었다. 不比等의 딸로서 王母인 정1위 藤原夫人(宮子)은 大夫人이 되었고, 3品인 장옥왕의 正室 吉備內親王은 2품에 올랐다. 장옥왕의 측실로 不比等의 딸이었던 藤原長娥子는 종3위를 받았다. 그런데 등

以大納言從二位長屋王爲右大臣, 從三位多治比眞人池守爲大納言, 從三位藤原朝臣武智麻呂爲中納言. 又授從三位縣犬養橘宿祢三千代正三位."

45) 『속일본기』권9, 神龜 원년(724) 2월 甲午, "…是日, 一品舍人親王益封五百戶, 二品新田部親王授一品, 從二位長屋王正二位, 正三位多治比眞人池守益封五十戶, 從三位巨勢朝臣邑治, 大伴宿禰多比等, 藤原朝臣武智麻呂, 藤原朝臣房前並正三位, 並益封賜物, 又以右大臣正二位長屋王爲左大臣."

46) 『속일본기』권9, 神龜 원년(724) 2월 丙申 조.(丙申), "勅尊正一位藤原夫人稱大夫人. 授三品田形內親王,吉備內親王並二品, 從四位下海上女王, 智奴女王, 藤原朝臣長娥子並從三位. 正四位下山形女王正四位上."

원부인의 호칭에 대하여 장옥왕이 '勅으로 문무천황의 妃 宮子에게 내려진 藤原大夫人의 호칭은 公式令에 규정된 皇太夫人 그것과 충돌한다'고 지적하여 큰 문제가 된다. 여기에 대해서는 뒤에서 상세하게 논하겠다.

장옥왕의 정실 吉備內親王은 일급 근친황족이다. 아버지가 천무천황의 아들 초벽황자이고 할머니는 지통천황이며, 어머니는 원명천황이다. 형제로는 氷高皇女(원정천황)와 輕皇子(문무천황)가 있다. 장옥왕 측 황친세력이 득세했다. 다만 새로 즉위한 성무천황의 妃인 光明子(藤原夫人:701~760) 또한 藤原不比等 딸로서 武智麻呂, 房前의 누이였다.

형제들도 외척으로 자리를 굳혀야 했다.

長屋王과 吉備內親王 夫妻 血統계보[47]

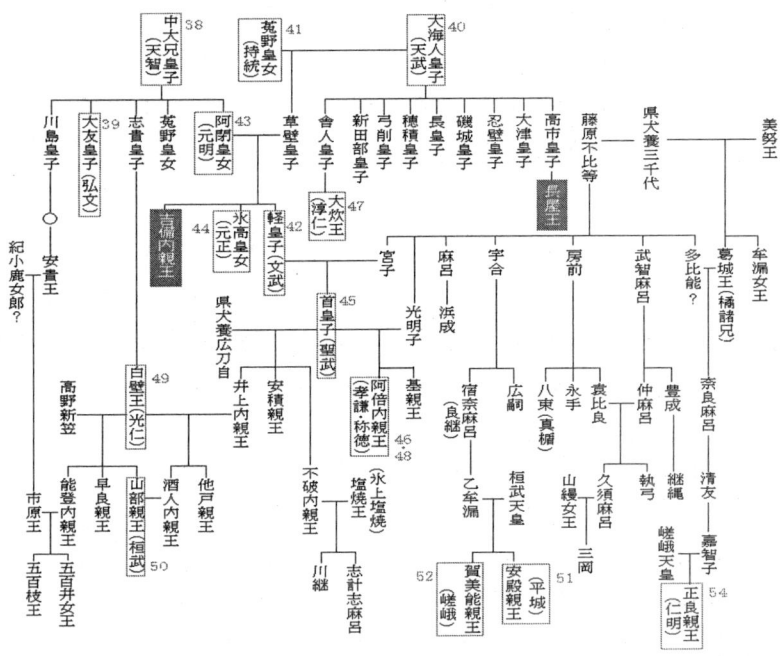

---

47) http://inoues.net/club/heguri8.html

3. 藤原房前의「秋日於長屋王宅宴新羅客」1首와 長屋王

藤原房前(681~737)은 藤原不比等의 차남이다. 그가 가장 먼저 기록에 등장한 때는 703년 정월이다.

> (703, 1월) 갑자일, 정6위하 藤原朝臣房前을 東海道에, 종6위상 多治比眞人三宅麻呂를 東山道에, 종6위상 高向朝臣大足을 北陸道에, 종7위하 波多眞人余射를 山陰道에, … 파견하였다. 도별로 錄事 1인을 두고, 돌아다니며 정사를 살피게 하고, 백성들의 억울하고 잘못된 것을 말하게 해서 심리하게 하였다.[48]

그해 藤原房前은 東海道로 가서 지방을 순찰하고 보고서를 제출했던 것으로 보인다. 그의 관위는 정6위하로서 하급관리에 불과했다. 언급한 바와 같이 704년 無位였던 장옥왕이 정4위상에 올랐던 것과 비교된다.

705년 12월 房前은 형과 함께 진급을 한다. 정6위상이었던 형 武智麻呂와 정6위하였던 房前은 종5위하가 되었다. 12월 27일 金儒吉이 신라사절을 이끌고 奈良에 입경한 그날이었다.[49] 707년 6월 15일 천황이 서거하자 10월에 藤原房前은 造山陵司가 되어 왕릉을 만드는 일을 맡았다.[50]

709년에 그는 지방에 나아갔다. 9월 26일 藤原房前은 東海道와 東山道 등 2개의 道로 나아가 검찰을 하고 풍속을 알아보았다.[51] 관위는

---

48) 『속일본기』권3, 大寶 3년(703) 정월 甲子, "遣正六位下藤原朝臣房前于東海道, 從六位上 多治比眞人三宅麻呂于東山道,從七位上高向朝臣大足于北陸道, 從七位下波多眞人余射于山陰道,…, 道別錄事一人, 巡省政績, 申理冤枉.'
49) 『속일본기』권3, 慶雲 2년(705) 12월 癸酉, "无位山前王授從四位下, 丹波王,阿刀王 並從五位下, 正六位上三國眞人人足, 藤原朝臣武智麻呂, 正六位下多治比眞人夜部, 佐味朝臣笠麻呂, 藤原朝臣房前,…從六位下美努連淨麻呂並從五位下, 是日, 新羅使金儒吉等入京."
50) 『속일본기』권3, 慶雲 4년(707) 6월 辛巳, '天皇崩,遣詔,擧哀三日,凶服一月.'
『續日本紀권3, 慶雲 4년(707) 10월 丁卯, '…從五位下藤原朝臣房前爲造山陵司….'

앞서 그것과 마찬가지인 종5위하였다. 그런데 711년 4월 7일에 가서 형 武智麻呂와 함계 종5위상으로 진급하였다.[52] 710년 平城京으로 천도를 단행한 이후 아버지 不比等의 권력은 더 공고해졌다. 715년 정월 10일 형 武智麻呂는 종4위상으로, 房前은 종4위하로 고속 진급을 한다.[53] 711년에서 715년까지 진급 기록이 누락된 경우가 아니라면 형의 경우 정5위하, 정5위상을 건너뛰는 진급이었고, 房前도 거의 마찬가지였다.

717년 房前은 형인 武智麻呂보다 먼저 參議가 되었다.[54] 참의 이상의 의정관은 각 가문에서 1명을 배출했던 당시의 관행을 깬 승진이었다. 우대신인 아버지 不比等과 함께 藤原氏의 公卿은 2인이 되었다. 719년 정월 13일 房前은 종4위상으로 진급했다. 하지만 정4위하로 진급한 형 武智麻呂 보다 관위 상으로 한 단계 낮았다.[55]

720년 아버지 不比等이 병에 걸려 임종의 침상에 누웠다.[56] 8월 3일 不比等은 병마를 이기지 못하고 사망했다. 그는 645년 大化改新을 주도했던 中臣鎌足의 차남으로 태어나 스스로 권력을 쟁취한 정계의 居木이었다.[57]

---

51) 『속일본기』권4, 和銅 2년(709) 9월 己卯, "遠江, 駿河, 甲斐, 常陸, 信濃, 上野, 陸奥, 越前, 越中, 越後等國軍士, 經征役五十日已上者, 賜復一年, 遣從五位下藤原朝臣房前于東海東山二道, 檢察關劇, 巡省風俗."
52) 『속일본기』권5, 和銅 4년(711) 4월 壬午, "詔叙文武百寮成選者位,…從五位下藤原朝臣武智麻呂, 藤原朝臣房前, 巨勢朝臣子祖父, 多治比眞人縣守, 縣犬養宿祢筑紫, 小治田朝臣安麻呂, 中臣朝臣人足, 平群朝臣安麻呂並從五位上,…"
53) 『속일본기』권6, 靈龜원년(715) 정월 癸巳, "詔曰, 今年元日, 皇太子始拜朝, 瑞雲顯見, 宜大赦天下,…從四位下路眞人大人, 巨勢朝臣邑治, 大伴宿禰旅人, 石上朝臣豊庭, 多治比眞人三宅麻呂, 百濟王南典, 藤原朝臣武智麻呂並從四位上, 正五位上大伴宿禰男人, 太朝臣安麻呂, 正五位下當麻眞人櫻井, 從五位上多治比眞人縣守, 藤原朝臣房前並從四位下,…"
54) 『속일본기』권7, 養老 원년(717) 10월 丁亥, "以從四位下藤原朝臣房前, 參議朝政."
55) 『속일본기』권8, 養老 3년(719) 정월 壬寅, "授從四位上路眞人大人, 巨勢朝臣邑治, 石川朝臣難波麻呂, 大伴宿禰旅人, 多治比眞人三宅麻呂, 藤原朝臣武智麻呂, 從四位下多治比眞人縣守並正四位下, 從四位下阿倍朝臣首名, 石川朝臣石足, 藤原朝臣房前並從四位上."
56) 『속일본기』권8, 養老 4년(720) 8월 辛巳朔, "右大臣正二位藤原朝臣不比等病."

721년 정월 전체적인 관위의 진급이 있었다. 정3위였던 장옥왕이 종2위에 올랐고, 정4위였던 형 武智麻呂와 종4위상이었던 房前이 함께 종3위로 진급했다. 房前에게 있어서는 한 단계 뛰어 넘는 진급이었다. 장옥왕을 진급 시키면서 房前 형제도 함께 특진시켰다. 또한 大納言으로 종2위였던 장옥왕을 右大臣에 임명하고 종3위 武智麻呂를 中納言에 임명했다. 황친세력과 외척세력 간의 어느 정도 균형을 맞추려는 조치였던 것으로 보인다.58)

721년 10월 24일 元明上皇이 사망 직전 房前을 불러 유언했다. 앞으로 천황을 보필하여 내외 사정을 살피고 국가의 안녕과 제업을 보좌할 것을 명했다. 祖父인 鎌足이 맡았던 內臣에 임명되었다. 皇太子 首皇子(성무천황)의 후견인이 된 것은 그 재능을 인정받은 것이다.59) 물론 房前은 首皇子의 외삼촌으로서 황위를 보좌할 적격자였다. 물론 장옥왕 등 황친 세력이 부각하는 상황에서 원명상황이 믿을 수 있는 사람이기도 했다.

722년 5월 24일 우대신 장옥왕이 천황에게 벼 10만속과 나락 400곡을 하사 받았다. 벼 10만 속은 탈곡하면 1만석이 된다. 관인에 대하여 이례적으로 많은 곡식을 사여한 것이다.60) 천황조차도 장옥왕의 눈치

---

57) 『속일본기』권8, 養老 4년(720) 8월 癸未,《三》"…是日,右大臣正二位藤原朝臣不比等薨, 帝深悼惜焉, 爲之廢朝, 舉哀內寢, 特有優勅, 弔賻之礼異于群臣, 大臣近江朝內大臣大織冠鎌足之第二子也."
58) 『속일본기』권9 養老 5년(721) 정월 壬子, "授正三位長屋王從二位, 正四位下巨勢朝臣祖父, 大伴宿禰旅人, 藤原朝臣武智麻呂, 從四位上藤原朝臣房前並從三位, 從四位下六人部王從四位上, 從五位上高安王, 門部王, 葛木王並正五位下, 從五位下櫻井王, 佐爲王並從五位上, 正四位下多治比眞人縣守, 多治比眞人三宅麻呂, 正五位上藤原朝臣馬養並正四位上, 從五位下藤原朝臣麻呂從四位上, 從五位下下毛野朝臣虫麻呂, 吳肅胡明並從五位上. 以大納言從二位長屋王爲右大臣, 從三位多治比眞人池守爲大納言, 從三位藤原朝臣武智麻呂爲中納言. 又授從三位縣犬養橘宿祢三千代正三位."
59) 『속일본기』권9 養老 5년(721) 10월 戊戌, "詔曰, 凡家有沈痼, 大小不安, 卒發事故者, 汝卿房前, 當作內臣計會內外, 准勅施行, 輔翼帝業, 永寧國家."
60) 『속일본기』권9 養老 6년(722) 5월 己丑, "賜右大臣長屋王, 稻十萬束, 籾四百斛." 스가노노마미치외, 이근우 역, 앞의 책, 2009, p.298 註33.

를 보았던 것이 아닌가 한다.

724년 2월 성무천황이 즉위했다. 武智麻呂와 房前이 정3위가 되었고, 장옥왕은 좌대신에 올랐다.[61]

726년 가을 房前은 장옥왕의 저택에 초대받아 갔다. 房前이 신라사신을 전별하는 자리에서 지은 시에는 적지 않은 것을 반영하고 있다고 생각된다. 藤原房前 3수 시 가운데 하나인「秋日於長屋王宅宴新羅客」을 보자.

職貢梯航使	공물 가지고 바다 건너 멀리서 온 신라 사자는
從此及三韓	여기서 삼한으로 돌아간다네.
岐路分衿易	갈림길에서 이별은 쉬우나
琴傳促膝難	거문고와 술로 마주 앉아 흉금을 터놓기는 어렵네.
山中猿叫斷	산속 원숭이의 울음소리 그치고
葉裏蟬音寒	나뭇잎 뒤 매미 소리는 쓸쓸하네.
贈別無言語	시로 석별의 정 나누고 싶지만 아무 말도 나오지 않고
愁情幾萬端	하염없이 수심만 가득할 뿐이로세.

최영성은 신라사신과 이별의 情恨을 노래하는 시 가운데 다른 것은 형식적이며 상투적이지만 이 시 만큼은 비교적 절실하다고 하였다.[62] 이보다 앞서 江口孝夫도 貢物을 持參한 신라 대사와의 이별을 괴로워하며, 슬픈 노래를 했다고 지적한 바 있다.[63]

房前은 장옥왕과 한자리에서 똑같은 煙霞日輝를 감상하며 왜 그리

---

61) 『속일본기』권9, 神龜 원년(724) 2월, "天璽國押開豊櫻彥天皇〈勝寶感神聖武皇帝〉. 天璽國押開豊櫻彥天皇,〈謹案勝寶八歲勅曰, 太上天皇出家歸佛, 更不奉證,至寶字二年, 勅迫上此號諡.〉 天之眞宗豊祖父天皇之皇子也, 母曰藤原夫人, 贈太政大臣不比等之女也, 和銅七年六月, 立爲皇太子, 于時年十四,… 是日, 一品舍人親王益封五百戶, 二品新田部親王授一品, 從二位長屋王正二位, 正三位多治比眞人池守益封五十戶, 從三位巨勢朝臣邑治, 大伴宿禰旅人, 藤原朝臣武智麻呂, 藤原朝臣房前並正三位, 並益封賜物, 又以右大臣正二位長屋王爲左大臣."
62) 崔英成, 앞의 글, 2012, p.198.
63) 江口孝夫 역주,『懷風藻』講談社學術文庫, 2000, pp.278~279.

도 '비교적 절실한 이별'을 읊었을까? 그것은 신라 사신과의 이별의 슬픔이 아닌 자신의 답답한 상황 때문이었다.

1~2행에서 房前은 신라를 三韓이라 하였다. '삼한'은 648년 정계의 실력자였던 그의 祖父 鎌足의 집정 시기에 大化 조정에서 고구려·백제·신라에 學僧을 파견할 때 사용했던 표현이다.[64] 시를 지을 당시 삼한은 모두 신라의 땅이 되어 있었다. 그의 식견을 보여주는 대목이다.

3~4행에서 갈림길에서 서로 이별하기는 쉽지만 거문고 타고 술 마시며 마주앉아 흉금을 터놓기는 어렵다고 했다. 여기서 갈림길의 함의는 기존 양국 외교 주도자들의 죽음과 현 일본 정권의 권력자인 장옥왕을 뜻한다. 그러니 신라사신과 시로 이별을 나누며 흉금을 열고 이야기하기 어렵다는 것은 당시 일본조정 내의 갈등 상황을 반영하고 있을 것이다. 720년 아버지 不比等이 사망한 후 藤原 네 형제가 가장 의식하던 인물은 장옥왕이었다. 不比等 생전에는 장인과 사위로서 관계가 나쁘지 않았거니와 권력을 거의 독점했었지만 이 시점에서는 달라져 있었다.

신라사신 전별 연회가 베풀어지기 2년 4개월 전으로 거슬러 올라가 보자.

(724년 3월 22일) 左大臣 正2位인 장옥왕 등이 보고하기를, "엎드려 (올해) 2월 4일의 勅을 보건대, '藤原夫人을 天下 모두 大夫人으로 하라'고 했는데, 臣等이 삼가 公式令을 살펴보니 皇太夫人이라고 이릅니다. 勅에 의거한 호칭에 의거하자면, '皇'字가 빠져야 합니다. 令文을 따르자면 勅에 어긋날까 두렵습니다. 정할 바를 알지 못하겠습니다. 엎드려 進止를 청합니다." 라고 하였다. 詔를 내리기를 '문서에는 皇太夫人이라고 하고, 말할 때는 大御祖(오오미오야)라고 하여 먼저 내렸던 勅은 거두고, 나중에 정한 호칭을 알리도록 하라!'[65]고 하였다.

---

64) 『일본서기』권25, 大化 4년(646) 2월 壬子朔, "於三韓〈三韓謂高麗·百濟·新羅〉遣學問僧."
65) 『속일본기』권9, 神龜 원년(724) 3월 辛巳, "左大臣正二位長屋王等言, 伏見二月四

724년 3월에 죽은 不比等의 딸이자 성무천황의 生母였던 藤原宮子(文武天皇의 妃)의 칭호를 놓고 장옥왕과 藤原 네 형제가 충돌 대립(辛巳 사건)하는 상황이 표면화되었다. 장옥왕은 대비인 藤原宮子가 황족이 아니니 公式令에 의거한 皇太夫人의 칭호에서 '皇'자를 떼어내 大夫人이라 불러야 한다고 했다.

公式令은 공문서의 서식 등을 규정한 89조로 이루어진 편목이다. 그 제 6조는 천황의 어머니의 칭호로, 皇太后・皇太妃・皇太夫人의 세 가지를 들고 있다. 藤原宮子는 황족이 아니기 때문에 皇太夫人에 해당된다.66) 장옥왕은 그해 2월 4일 勅을 근거로 公式令의 칭호를 문제 삼았다. 이러한 장옥왕의 행동은 성무천황의 妃인 光明子(宮子의 동생)의 황후 책봉 차단까지도 계산한 것이다. 곧 장옥왕이 藤原家에게 전쟁을 선포한 것이다.

그리고 2년 하고 4개월 후 신라 사신을 위한 전별 연회가 장옥왕의 저택에서 열렸다. 장옥왕은 불편한 私感을 드러내지 않고 房前을 초청한 것 같다. 장옥왕이 주재하고 함께 배석한 자리에서 房前은 사신과 자유롭게 이야기를 주고받기 어려웠던 것이다. 5~6행에서 그러한 자신의 심경을 저녁 무렵의 원숭이, 그리고 호시절이 지나간 매미에 가탁하여 斷・寒이라고 드러냈다. 마지막 7~8행에서 房前은 '시를 주고받으며 석별의 정을 나누고 싶지만 아무 말도 나오지 않고 하염없이 수심만 가득할 뿐이다.' 라고 하였다. 이것은 진심으로 보인다. 그동안 자신의 가문과 교류를 주도했던 김순정이 죽었다. 일본 조정 내에서 장옥왕의 위세는 점점 커지고 있다. 내외 모두 상황이 좋지 않았고, 신라가 당과의 관계에 더 많은 신경을 쓰고 있다는 소식도 들려왔다. 향후 신라와의 교류는 어려워질 가능성이 크다. 실제로 726년 직후부터 731년까지 5년간 신라 사신의 모습이 일본조정에 보이지 않는

日勅, 藤原夫人天下皆稱大夫人者, 臣等謹檢公式令, 云皇太夫人, 欲依勅号, 應失皇字, 欲須令文, 恐作違勅, 不知所定, 伏聽進止, 詔曰, 宜文則皇太夫人, 語則大御祖, 追收先勅, 頒下後号."
66) 스가노노마미치외, 이근우 역, 앞의 책, p.317 註101.

다.

장옥왕이 존재하는 한 房前 네 형제의 행보는 제한적일 수밖에 없다. 『懷風藻』에 房前의 동생 藤原宇合의 시 6수가 있다. 그 중 7언시 「秋日於左僕射長王宅宴」가 있다.67) 시 구절 중 7행에서 '즐겁게 놀다가 마침내 龍鳳(장옥왕)을 만났다'라고 장옥왕을 '龍鳳'이라고 묘사한 부분에 주목해야 한다.

여기에 대해 江口孝夫는 다음과 같이 지적했다. 장옥왕宅의 自然을 좋아해서 王과 宴席 한 것을 龍鳳(天子)을 만난 것으로 묘사하고 있다. 宇合이 天武天皇 직계인 장옥왕을 천자에 비유한 것은 유의할 필요가 있다.68) 라고 하였다.

장옥왕이 곧 천황이 될 수도 있다는 宇合의 우려가 시에 표출된 것은 아닐까. 장옥왕과 그 正妃 吉備內親王 그리고 둘 사이에서 태어난 자식들은 혈통에서 보면 가장 순수한 황족의 피를 가지고 있었다. 728년 9월 13일 藤原光明子 소생의 유일한 皇子인 基王이 생후 1년 만에 죽었을 때 그 우려는 더 깊어졌다.69) 그 결과 729년 2월 장옥왕은 藤原 사형제에 의해 제거되었다.

"左京人 從7位下 漆部造君足과 無位 中臣宮處連東人 등이 告密하기를

---

67) 式部卿 정3위 藤原朝臣宇合 7언「秋日於左僕射長王宅宴」1수

帝里煙雲乘季月　　수도의 안개와 구름이 시절을 타고 피어오르더니
王家山水送秋光　　왕의 저택 산수에 가을빛을 보낸다.
霑蘭白露未催臭　　젖은 난초는 흰 이슬로 아직 그 향기를 발하지 않았지만
泛菊丹霞自有芳　　술잔에 띄운 국화는 노을빛으로 저절로 향긋하네.
石壁蘿衣猶自短　　돌담의 담쟁이덩굴은 한층 짧아지지만
山扉松蓋埋然長　　산장 사립문 장식 소나무는 묻었으나 절로 자라네.
遨遊已得攀龍鳳　　즐겁게 놀다가 마침내 龍鳳(장옥왕)을 만났도다.
大隱何用貢仙場　　세속 떠난 은자를 만났으니 어찌 선경을 구하리오!

68) 江口孝夫 역주, 앞의 책, 2000, 297~298쪽.
69) 『속일본기』권10, 神龜 5년(728) 8월 甲申, "勅. 皇太子寢病…"
『속일본기』권10, 神龜 5년(728) 8월 丙戌, "天皇御東宮. 緣皇太子病. 遣使奉幣帛於諸陵."
『속일본기』권10, 神龜 5년(728) 9월 丙午, "皇太子薨"

좌대신 정2위 장옥왕이 사사로이 左道를 배워 국가를 위태롭게 하려 합니다." 그날 밤 사신을 보내 三關을 굳게 지키게 하였다. 그리고 式部卿 종3위 藤原朝臣宇合이 衛門佐 종5위하 佐味朝臣虫麻呂, 左衛士佐 외종5위하 津嶋朝臣家道, 右衛士佐 외종5위하 紀朝臣佐比物 등으로 하여금 六衛兵을 부려 장옥왕宅을 포위하게 하였다.70)

장옥왕이 사사로이 左道를 배워 나라를 위태롭게 하려 한다는 밀고가 들어오자 藤原宇合 등은 군대를 거느리고 가서 장옥왕 저택을 포위하였다. 이어 中納言으로 정3위였던 藤原武智麻呂 등이 천황의 명을 받고 그곳에 가서 죄를 궁문했다.71) 그리고 장옥왕을 자살토록 했다.72) 藤原家는 황족이 아니므로 그 집안 출신의 딸은 황후의 칭호를 가질 수 없다고 생각한 장애물을 제거했고 藤原四子정권을 출범시켰다. 당연히 그해 8월 10일 성무천황은 妃 藤原夫人 光明子를 황후로 세울 수 있었다.73)

장옥왕의 죽음과 관련하여 皇太子學士 정6위상 調忌寸古麻呂의 「初秋於長王宅宴新羅客」1수가 주목된다.

一面金蘭席	금란 같은 벗과 마주하는 자리에
三秋風月時	때마침 풍월 읊는 가을을 맞이했네.

---

70) 『속일본기』권10, 天平元年(729) 2월 辛未, "左京人從七位下漆部造君足, 无位中臣宮處連東人等告密, 稱左大臣正二位長屋王私學左道, 欲傾國家, 其夜, 遣使固守三關, 因遣式部卿從三位藤原朝臣宇合, 衛門佐從五位下佐味朝臣虫麻呂, 左衛士佐外從五位下津嶋朝臣家道, 右衛士佐外從五位下紀朝臣佐比物等, 將六衛兵, 圍長屋王宅."
71) 『속일본기』권10, 天平 원년(729) 2월 壬申, "以大宰大貳正四位上多治比眞人縣守, 左大辨正四位上石川朝臣石足, 彈正尹從四位下大伴宿禰道足, 權爲參議, 巳時, 遣一品舍人親王, 新田部親王, 大納言從二位多治比眞人池守, 中納言正三位藤原朝臣武智麻呂, 右中弁正五位下小野朝臣牛養, 少納言外從五位下巨勢朝臣宿奈麻呂等, 就長屋王宅窮問其罪."
72) 『속일본기』권10, 天平 원년(729) 2월 癸酉, "令(長屋)王自盡, 其室二品吉備內親王, 男從四位下膳夫王, 无位桑田王, 葛木王, 鉤取王等, 同亦自經, 乃悉捉家內人等, 禁着於左右衛士兵衛等府."
73) 『속일본기』권10, 天平 원년(729) 8월 戊辰, "詔立正三位藤原夫人爲皇后."

琴樽叶幽賞	거문고와 술로 그윽이 즐기며 어우러져
文華叙離思	시 구절로 이별의 정을 나누네.
人含大王德	사람(장옥왕)은 대왕의 덕을 품었고
地若小山基	땅(사호의 저택)은 회남왕(小山)의 터와 같도다.
江海波潮靜	강과 바다의 물결 흐름이 고요하니
披霧豈難期	안개를 헤치고 재회를 기약함이 어찌 어렵겠는가?

위의 시에서 주목되는 것은 다음의 구절이다. 6행의 "땅(사호의 저택)은 회남왕(小山)의 터와 같도다(地若小山基)."라고 하여 장옥왕의 사호 땅을 小山에 빗대었는데, 여기서 '小山'은 漢高祖 劉邦의 손자 淮南王 劉安(BC.179~BC.122)을 말한다.74)

유안은 박식하고 옛것을 좋아하고, 뛰어난 재능을 지닌 학자로서 方士·호걸들을 귀하게 여겨 수천 명의 식객을 두기도 했다. 빈객들과 함께 저술한『淮南子』는 내편 8권과 외편 19권, 중편 8권으로 구성되었는데, 현재 내편 일부분만 현존한다. 老莊을 주축으로 여러 사상을 통합하려 했고, 도가사상에 의거한 통일론적인 이론으로 유교 중심의 이론에 대항했다고 한다. 吳楚7國이 반란을 일으키자 호응하려고 했지만 사람들의 반대로 그쳤다. 漢武帝가 즉위하자 몰래 武備를 정비했다. 元狩 원년(BC.122)에 거병했지만 뜻을 이루지 못하고 자살했다. 이때 연루되어 죽은 賓客이나 대신이 수천 명에 이른다.75)

調忌寸古麻呂가 藤原家와 대립각을 세유고 있는 장옥왕의 미래를 알고 있었을까. 확실한 것은 古麻呂가 회남왕 유안의 道家的인 박식함과 그의 집에 머무는 수많은 식객 그리고 그의 비극적인 몰락에 대해 알고 있었을 가능성이 크다는 점이다.76)

---
74) 大友皇子 外, 고용한 역, 앞의 책, 같은 쪽 註 103 참조.
75) 『중국역대인명사전』, 이회문화사, 2010.
76) 古麻呂는 중국고전에 해박한 지식을 가지고 있었다고 한다. 721년 정월 천황이 포상을 내렸는데 第二博士 古麻呂는 經에 밝다고 하여 비단 등을 받았다. 『속일본기』권8, 養老 5년(721) 정월 甲戌, "…又詔曰. 文人武士. 國家所重. 醫卜方術. 古今斯崇. 宜擢於百僚之内. 優遊學業. 堪爲師範者. 特加賞賜. 勸勵後生.

시를 다시 풀이하자면 古麻呂는 "장옥왕은 대왕의 덕을 품었고, 그 장옥왕댁은 많은 사람이 모이는 회남왕의 저택과 같다"고 한다. 장옥왕의 집이 '佐保'라는 명칭이 암시하듯이 장옥왕은 道家的 색채가 강했다. 사사로이 左道를 배워 나라를 어지럽게 한다는 것이 그의 죄목이었다. 大山誠一은 "장옥왕은 뛰어난 혈통을 가졌지만 현실 정치 감각에는 문제가 있어서 天人相與의 讖緯사상에 심취해 있었다. 이때 참위사상은 넓게 도교사상 혹은 신선사상이라고 생각해도 될 것이다."라고 했다.77)

물론 장옥왕이 제거된 후 신라와 일본 사이에 교역이 활발해진 것은 아니다. 누구의 잘못도 아니었다. 시대의 흐름이 두 나라 사이를 막아섰다. 北滿洲에서 일어난 사건이 신라와 일본의 관계에 지워지지 않은 흔적을 남겼다. 김순정이 죽은 해인 725년부터 발해와 당 사이의 관계가 냉각되기 시작했다. 당 현종이 黑水靺鞨 땅에 黑水軍을 두고 다음해에 黑水府를 설치하고, 長史를 파견하였다. 이곳을 幽州都督의 기미 지배에 편입시켰다. 발해는 흑수말갈에 당이 정치적으로 개입한 것에 위기감을 느끼고 있었다.

남변을 접하고 있던 신라와의 대립은 722년에 이미 시작되고 있었고, 발해의 팽창을 의식한 신라는 당에 접근을 가속화하기 시작했다. 발해 입장에서 보자. 북쪽 흑수말갈과 남쪽 신라로부터 압력을 받고 서쪽에서 당이 도사리고 있었다. 고립된 발해가 727년부터 일본에 사신을 보내기 시작했다.

이후 당과 발해의 관계는 전쟁으로 치닫는다. 730년 당나라가 발해를 침공할 것이라 확신한 武王은 동생 大門藝를 보내 흑수주를 공략하게 했다. 그러나 당과의 전쟁을 적극적으로 반대했던 大門藝가 당에

因賜明經第一博士從五位上鍛治造大隅. 正六位上越智直廣江. 各絁廿疋. 絲廿絇. 布卅端. 鍬廿口. 第二博士正七位上背奈公行文. 調忌寸古麻呂. 從七位上額田首千足. 明法正六位上箭集宿祢虫万呂. 從七位下塩屋連吉麻呂. 文章從五位上山田史御方. 從五位下紀朝臣清人. 下毛野朝臣虫麻呂. 正六位下樂浪河內各絁十五疋. 絲十五絇. 布卅端. 鍬廿口."

77) 오야마 세이이치 지음, 연민수·서각수 옮김, 『일본서기와 '천황제'의 창출-후지와라노 후히토의 구상-』동북아재단 2009, 67쪽.

투항했다. 武王은 당 현종에게 동생의 송환을 계속 요구했으나 그것을 들어주지 않자 732년 당나라 등주를 공격하여 그곳의 해군기지를 파괴하고 살육을 자행하는 사태에 이른다.78)

발해와 당나라가 전쟁당사국이 되면서 신라가 당에 더욱 밀착하여 군사동맹으로 발전했다. 신라는 이러한 국제관계 흐름 속에서 대동강 이남의 땅의 영유를 당으로부터 공인 받으려는 생각을 했을 수도 있다. 당시 신라의 대당외교는 영토 확대라는 무엇보다 큰 이권이었다. 일본과의 외교는 두 번째 문제였다.

729년 長屋王의 變때 藤原 군대 움직임79)

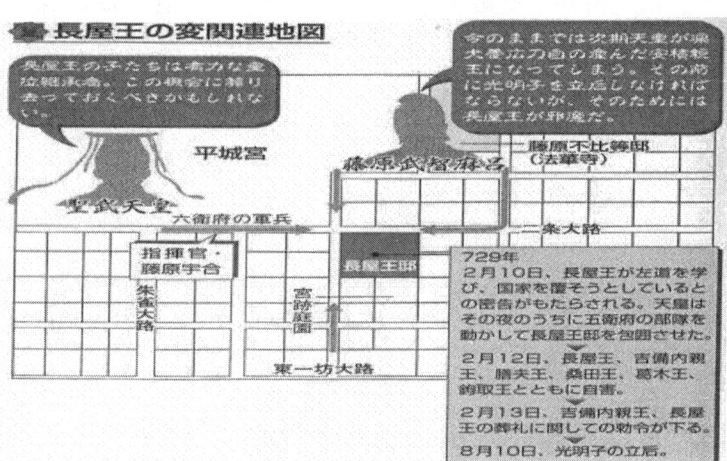

---

78) 古畑徹, 「大門芸の亡命年時について-唐渤紛争に至る渤海の情勢-」, 『集刊東洋学』 51, 東北大学 中国文史哲研究会, 1984, 18~33쪽.
  李成市 지음, 김창석 옮김, 「5장 발해의 대일외교와 교역」, 『동아시아 왕권과 교역』 청년사, 1999, 143~149쪽.
79) https://blogs.yahoo.co.jp/kawakatu_1205/53844471.html

藤原사형제 계보80)

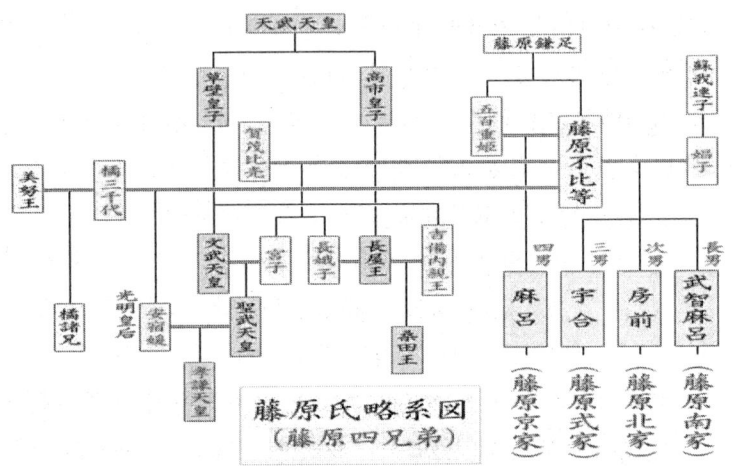

4. 소결

　　藤原家와 교역을 주도했던 신라의 대신 김순정이 죽었다는 소식을 접한 장옥왕은 직접 신라와의 관계를 새롭게 맺을 기회가 왔다고 판단했다. 726년 가을 7월 김조근과 김주훈 등 신라사절단은 장옥왕宅에서 베풀어진 시 향연에서 초대를 받았다. 좌대신 장옥왕은 조정에 5일 휴가를 내고 누각을 열었다. 아름다운 정원과 연못이 보였다. 연회장소 술상에는 조각된 아름다운 그릇들이 깔려있었고, 그 사이에 술병들이 질서 정연하게 배치되어 있었다. 그 아래 다다미 바닥에는 화려한 빛깔의 비단 깔개들이 질서정연하게 배치되어 있었다. 음악이 연주되는 가운데 사람들이 술잔을 주고받았고, 신라 사신을 위한 전별시가 흘러나왔다. 화려한 정원이 보이는 풍경에서 술과 음악 그리고 시가 만났다. 여기서 「初秋於長王宅宴新羅客」 10수가 창작되었다.

---

80) https://ameblo.jp/gonchunagon/entry-11241637655.html

가운데 장옥왕의 시를 보면 연회 당시의 석양이 비치는 풍경, 구름을 쓰고 있는 산봉우리를 묘사하고 있다. 그리고 금란과 같은 굳고 친밀한 교류를 신라와 원한다고 하고 있다. 일본과 신라는 바다를 두고 있지만 먼 거리가 아니라고 강조하고 있다. 신라사신과 이별의 애절함은 없고 권력자로서의 여유가 보인다.

이 자리에서 大學頭 山田史三方이 지은 시 1수 병서를 보면 장옥왕이 신라 왕의 명을 받고 일본에 찾아온 사신을 위하여 연회를 성대하게 열었고, 신라 사신은 장옥왕을 기쁘게 바라보았다고 한다. 신라 사신들은 장옥왕이 일본의 새로운 권력자가 등장한 것을 실감했을 것이다.

장옥왕은 天武天皇의 장자 高市皇子의 장남으로 천무천황의 적통이었다. 左大臣인 그는 외척세력인 藤原 씨와 대립했다. 724년 3월 앞서 사망한 권력자 藤原不比等의 딸로서 성무천황의 生母였던 藤原宮子(문무천황의 비)의 칭호를 놓고 장옥왕과 藤原 씨 가문의 갈등이 노출되었다. 장옥왕은 대비인 藤原宮子가 황족이 아니니 公式令에 의거한 皇太夫人의 칭호에서 皇字를 떼어내 大夫人이라 불러야 한다고 했다. 성무천황(문무천황의 아들)의 妃인 藤原光明子(宮子의 동생)의 황후 책봉을 사전에 차단하려 했던 장옥왕의 포석이었다. 장옥왕이 藤原家와 전쟁을 선포한 것이었다.

그로부터 2년 하고 너덧 달 후 연회가 열렸다. 장옥왕은 불편한 私感을 드러내기 어려워 藤原房前(不比等의 아들)을 초청했고, 房前 또한 그러해서 초청에 응했던 것 같다. 신라사신과 이별의 情恨을 노래하는 시 가운데 다른 것은 형식적 상투적이지만 房前의 시 만큼은 절실하다.

장옥왕과 藤原씨의 불편한 관계가 房前의 시에 반영되어있다. "거문고 타고 술통을 열어 연회석을 마련했지만 서로의 흉금을 열고 충분히 이야기하기는 어렵다."라고 하여 그는 신라사신과 자유롭게 이야기를 주고받기 어렵다고 밝히고 있다. 그리고 "송별의 슬픔에 아무 말도 나오지 않고 하염없이 수심만 가득할 뿐이다."라고 했다. 그것은 진심이었다. 720년 일본조정의 권력자였던 아버지 不比等이 돌아가고 725년 신라에서 일본과 교류를 주도했던 김순정이 죽었다. 일본조정 내에서 皇親 세력의 거두 장옥왕의 위세는 점점 커져가고 있다. 신라가 당과의 관계에 더 많은 신경을 쓰고 있다는 소식도 들려왔다.81)

奈良時代에는 집정대신의 저택에 신라사와 발해사를 초대하여 향연을 벌인 예가 여러 사료에 보이는데 또 그곳에서 대량의 綿이 하사된 기록도 있어서 대규모 교역이 이루어진 것을 말해준다. 집정대신급은 외국의 사절이 가져온 문물의 전매권을 갖고 그 지위를 이용하여 교역품을 독점하고 있었다.82) 신라와의 활발한 교류는 장옥왕에게 거대한 이익을 가져다 줄 수 있는 중요한 창구였다. 그가 신라사신을 극진히 대접했던 것도 實益과 무관하다고 볼 수는 없을 것이며, 이는 직전의 집정대신이었던 不比藤도 마찬가지였을 것이다.

700년 직후에 절정을 맞이했던 신라와 일본의 교류는 김순정가와 藤原不比等 가문의 번영에 큰 역할을 했던 것으로 보인다. 두 인물의 생존 시에 양국의 사절이 김순정宅과 藤原宅을 상호 방문했을 가능성이 높고, 兩私邸에서 거대한 교역이 이루어졌을 것이다. 이시기 양국의 집정대신은 그야 말로 宰相外交의 절정을 구가하고 있었다. 일본에서 不比等이 죽고 장옥왕이 그 역할을 물려받았다.

황친세력과 외척세력의 대결 직전에 있던 일본조정을 찾았던 신라사신들은 그 살벌한 분위기를 느꼈을까. 남긴 기록이 없어 확신할 수 없지만 문학의 교류와 술과 시로 대변되는 친분의 나눔 속에서도 신라사신들은 일본 정계 거물의 속내와 그들을 둘러싼 미묘한 상황을 읽어내야 하는 직분을 가지고 있었다. 귀국 후 그들은 일본조정의 상황을 보고해야 했다.

10수 가운데 장옥왕의 미래와 관련한 시가 보인다. 調忌寸古麻呂의 詩에 "사호의 저택은 회남왕(小山)과 같다(地若小山基)."라고 했던

---

81) 사실 726년 직후부터 731년까지 5년간 신라사신의 모습이 일본조정에 보이지 않는다.
82) 李成市 著, 김창석 譯, 앞의 책, 1999, 112~115쪽.

대목이 주목된다. 小山은 한고조 劉邦의 손자 회남왕 劉安을 말한다. 古麻呂는 藤原家와 대립하고 있던 장옥왕의 미래를 알고 있었던 것 같다. 장옥왕은 뛰어난 혈통을 가졌지만 天人相與의 讖緯사상에 심취해 있었다. 3년 후인 729년 장옥왕은 반란을 기도했다는 죄목으로 藤原氏에 의해 죽임을 당하고 그의 처와 자식들도 그를 따랐다.

장옥왕이 제거된 시대의 흐름이 두 나라 사이의 교류를 막아섰다. 당과 발해가 대립하면서 신라는 당에 필요한 존재가 되었다. 당으로부터 대동강 이남의 땅을 공인받기 위해 신라는 발해와 대립하면서 당과 밀착한다. 성덕왕 말년 신라에 있어 일본과의 교역은 부차적인 것이 되었다.

【參考文獻】

Ⅰ장. <獻花歌> 창작의 시·공간

『三國史記』,『三國遺事』,『經國大典』,『高麗史』,『高麗史節要』,『續日本記』
김운학,『鄕歌에 나타난 佛敎思想』동국대학교 불전간행위원회, 1982,
김재근,『우리의 배: 구조와 역사』서울대학교출판부, 1996.
김종우,『鄕歌文學硏究』삼문사, 1976.
박노준,『新羅歌謠의 硏究』열화당, 1982.
서영일,『신라 육상 교통로 연구』학연문화사 1999.
윤경수,『향가 여요의 현장성 연구』집문당, 1993.
윤영옥,『新羅詩歌의 硏究』형설출판사, 1982.
조동일,『文學硏究의 方法』지식산업사, 1980.
진경환, 우응순 외『고전문학 이야기 주머니』녹두 1994,
권덕영,「三國時代 新羅의 海洋進出과 國家發展」,『STRATEGY21』4호 한국해양전략연구소 1999.
구효선,「6~8세기 신라 재상의 성격」,『韓國史學報』16, 2004,
김광순,「獻花歌說話에 관한 一考察,」『韓國詩歌硏究-서수생환갑기념』형설출판사 1981.
김동욱,「新羅鄕歌의 佛敎文學的 考察」,『국문학논문집』민중서관, 1977.
김선기,「곶받틴 노래(獻花歌)」,『現代文學』153, 1967.
김은수,「수로부인 설화와 헌화가」,『古詩歌硏究』17, 2006.
김학성,「삼국유사 소재 설화의 형성 및 변이과정 시고」,『관악어문학연구』2, 서울대 국문과, 1977.
서재극,「獻花歌硏究」,『이재수박사 환력기념 논문집, 형설출판사.
신영명,「헌화가의 민본주의적 성격」,『어문논집』37, 1998.
안영희,「고대인들에게 반영된 꽃의 의미」,『아세아여성연구』11, 숙명여대 아시아여성연구소 1972.
여기현,『수로부인 이야기의 제의적 구조』한양대 석사논문 1985.

윤명철, 「高句麗 發展期 海洋活動能力에 대한 검토」, 『申廷澈敎授停年退任紀念史學論叢』 1995.
이영태, 「수록경위를 중심으로 한 수로부인 조와 헌화가의 이해」, 『국어국문학』 126, 2000.
이용범, 「처용설화의 일고찰」, 『진단학보』 32, 1969.
이우성, 「삼국유사 소재 처용설화의 일고찰」, 『김재원박사회갑기념논총』 1969.
전영권, 「삼국유사 기이편 "수로부인"조에 근거한헌화가와 해가배경지 추정에 관한 연구」 한국지역지리학회지 20(1),한국지역지리학회 2014.
정요근, 「高麗 朝鮮初 驛路網과 驛制 硏究」 서울大學校 박사학위논문 2008.
허영순, 「古代社會의 巫覡思想과 歌謠의 硏究」 부산대 석사논문 1963.
木村誠, 「新羅の宰相制度」, 『人文學報』 117, 東京都立大學 1977.
左藤信, 「古代の大臣外交についての一考察」, 『日本と渤海の古代史』 山川出版社, 2003.
鈴木靖民, 「金順貞·金邕論──新羅政治史の一考察」, 『朝鮮學報』 45, 1967.
井上秀雄, 「新羅王畿の構成」, 『朝鮮學報』 49, 朝鮮學會 1968.

II장. 水路夫人의 신분

『三國史記』, 『三國遺事』, 『續日本記』, 『新唐書』
박노준, 『新羅歌謠硏究』 열화당, 1982.
李基東, 『新羅 骨品制社會와 花郎徒』 일조각, 1984.
윤영옥, 『신라시가의 연구』 형설, 1982.
忽滑谷快天, 『朝鮮禪敎史』 春秋社, 1930.
三品彰英, 『新羅花郎の硏究』 三省堂, 1943.
鈴木靖民, 『古代の朝鮮』 學生社, 1974.
浜田耕策, 『新羅國史の硏究』 吉川弘文館, 2002.
김광순, 「헌화가 설화에 관한 일고찰」, 『한국시가연구』 (서수생환갑논총) 형설, 1981.
김정숙, 「金周元世系의 成立과 그 變遷」, 『白山學報』 28, 1984.
김정애, 「골품제를 통해 본〈獻花歌〉와〈海歌〉의 심리적 역할」, 『겨레어문학』 26, 2007.
金興三, 「新羅 聖德王의 王權强化策과 祭儀를 통한 河西州地方 통치」(下), 『박

물관지』4·5합집, 강원대학교 중앙박물관, 1998.
徐毅植,「新羅 中古期 六部의 部役動員과 地方支配」,『韓國史論』23, 서울대 국사과 1990.
徐毅植,「新羅骨品制의 構造와 變化」,『韓國古代中世의 支配體制와 農民』지식산업사 1997.
신영명,「헌화가의 민본주의적 성격」,『어문논집』37, 1998.
신종원,「신라 오대산사적과 성덕왕의 즉위배경」,『최영희화갑한국사학논총』탐구당, 1987.
신현숙,「헌화가의 불교적 고찰」,『동악어문논집』19, 1984.
이영호,「新羅의 王權과 貴族社會-중대 국왕의 혼인 문제를 중심으로」,『신라문화』22, 2003.
이우성,「『삼국유사』 소재 처용설화의 一分析」,『김재원회갑기념논총』1969.
이주희,「'水路'夫人 설화 창작의 시공간-〈헌화가〉를 중심으로 -」,『중대어문논집』55, 2013.
曹凡煥,「朗慧無染과 聖住寺의 創建」,『新羅禪宗史硏究』一潮閣, 2001.
주보돈,「남북국시대의 지배체제와 정치」,『한국사』3, 한길사, 1994.
주보돈,「新羅骨品制社會とその變化」,『朝鮮學報』196, 平成17年(2005) 奈良.
주보돈,「한국 고대사회 속 여성의 지위」,『계명사학』21, 2010.
황병익,「삼국유사 '수로부인'조와 헌화가의 의미 재론」,『한국시가연구』22, 2007.
浜田耕策,「新羅の聖德王神鍾と中代王室」,『呴沫集』3, 1981.
木村誠,「新羅の宰相制度」,『人文學報』118, 東京都立大學 人文學部, 1977.

III장. 水路夫人의 가족

『三國史記』,『三國遺事』,『續日本紀』,『册府元龜』,『全唐文』
今西龍,「聖德大王神鐘銘文」1926;『新羅史硏究』, 京城 近澤書店, 1933.
鈴木靖民,「金順貞·金邕論──新羅政治史の一考察」,『朝鮮學報』45, 1967.
李昊榮,『新羅三國統合과 麗濟敗亡原因硏究』서경, 1997.
平井郎平,『朝鮮鐘』, 角川書店, 1974.
濱田耕策,『新羅國史の硏究』, 吉川弘文館, 2002.
佐伯有清,『新撰姓氏錄の硏究』(考證篇第五), 吉川弘文館, 1983.

坂本郎他 校注,『日本書紀』下(日本古典文学大系新装版), 岩波書店, 1993(初
　　　版は昭和40年).
李成市 지음, 김창석 옮김,『동아시아의 왕권과 교역』, 청년사, 1999.
菅野眞道외 엮음, 이근우 옮김,『續日本紀』1, 지식을 만드는 지식, 2009.
金壽泰,「統一新羅期 專制王權의 崩壞와 金邕」,『歷史學報』99·100, 1983.
박남수,「신라 聖德王代 浿江鎭 설치 배경」,『史學研究』110, 2013.
윤선태,「752년 신라의 대일교역과 賣新羅物解」,『역사와 현실』 24, 1997.
李永鎬,「新羅의 王權과 貴族社會」『新羅文化』 22, 2003.
李昊榮,「聖德大王神鐘銘 解釋에 대한 몇 가지 문제」,『考古美術』 125, 1975.
주보돈,「한국 고대사회 속 여성의 지위」,『계명사학』21, 2010.

Ⅳ장. 女息 三毛夫人과 景德王

『三國史記』,『三國遺事』,『譯註 韓國古代金石文』
윤선태 외 3인,『미래를 여는 한국의 역사』1. 웅진지식하우스, 2011.
李基白,『新羅政治社會史研究』, 一潮閣, 1974.
김선주,「신라 경덕왕대 삼모부인(三毛夫人)의 생애와 정치적 의미」,『역사학연
　　　구』 44.
서영교,「新羅 일부일처제」,『119회 한국고대사학회발표요지』 2011. 경북대.
신창수,「皇龍寺의 發掘成果」,『新羅文化祭學術發表會論文集』 22, 2001.
李基東,「新羅 金入宅」,『新羅 骨品制社會와 花郎徒』한국연구원, 1980.
李基白,「新羅 執事部의 成立」,『震檀學報』 25·26·27, 1964.
李永鎬,「新羅의 王權과 貴族社會」,『新羅文化』 22, 2003.
이주희,「水路夫人의 家族」,『新羅文化』 44, 2014.
주보돈,「한국 고대사회 속 여성의 지위」,『계명사학』21, 2010.
주보돈,「新羅骨品制社會とその變化」,『朝鮮學報』196, 平成17年(2005) 奈良.
濱田耕策,「新羅 聖德王代神鐘と中代の王室」,『新羅國史の研究』吉川弘文館,
　　　2002.

Ⅴ장. 金順貞家의 對日 交易과 藤原氏

『三國史記』,『册府元龜』,『日本書紀』,『續日本記』

今西龍,『新羅史硏究』京城 近澤書店, 1933;『신라사 연구』(이부호 외역) 서경, 2008.

菅野眞道 외 , 이근우 옮김,『續日本紀』1, 지식을만드는지식, 2009.

오야마 세이이치 지음, 연민수 서각수 옮김,『日本書記와 '천황제'의 창출-후지와라노 후히토의 구상-』동북아역사재단, 2012.

최근영 외,『日本六國史 韓日關係記事 譯註』가락국사적개발연구원, 1994.

井上靖,『天平の甍』新潮文庫, 1957.

吉川敏子,『律令貴族成立史の硏究』塙書房, 2006.

金壽泰,「新羅 聖德王·孝成王代 金順元의 政治的 活動」,『東亞硏究』3, 1983.

金壽泰,「統一新羅期 專制王權의 崩壞와 金邕」,『歷史學報』99·100, 1983.

金英美,「統一新羅時代 阿彌陀信仰의 歷史的 性格」,『韓國史硏究』50·51, 1985.

박남수,「新羅 聖德王代 上宰 金順貞과 對日交涉」,『新羅史學報』25, 2012

박남수,「新羅 聖德王代 浿江鎭 설치 배경」,『史學硏究』110, 2013.

박해현,「新羅 景德王代의 外戚 勢力」,『韓國古代史硏究』11, 1997.

申政勳,「新羅 景德王代 王權强化策의 性格」,『동서사학』6·7, 2000.

윤선태,「752년 新羅의 대일교역과『바이시라기모쯔게(買新羅物解)』-正倉院 소장「貼布記」의 해석을 중심으로」,『역사와 현실』24, 1997.

李永鎬,「新羅의 王權과 貴族社會-중대 국왕의 혼인 문제를 중심으로」,『新羅文化』22, 2003.

李昊榮,「新羅 中代 王室과 奉德寺」,『史學志』8, 1974.

李昊榮,「聖德大王神鐘의 解釋에 관한 몇가지 문제」,『考古美術』125, 1975.

이주희,「水路夫人의 家族」,『新羅文化』44, 2014.

趙二玉,「統一新羅 景德王代의 專制王權과 祿邑에 對한 再解釋」,『東洋古典硏究』1, 1993.

濱田耕策,「新羅 聖德王代神鐘과 中代의 王室」,『呴沫集』3, 1981.

鈴木靖民,「金順貞·金邕論」,『朝鮮學報』45, 1967.

吉川敏子,「仲麻呂政権と藤原永手·八束(真楯)·千尋(御楯)」,『続日本紀研究』294, 1994.

濱田耕策,「新羅の聖德大王神鐘と中代の王室」,『新羅國史の研究』, 吉川弘文館, 2002.

보론. -신라 사신 餞別詩에 보이는 일본 內政-

『日本書紀』, 『續日本記』, 『懷風藻』
菅野眞道 외, 이근우 옮김, 『續日本紀』 1, 지식을만드는지식, 2009.
『중국역대인명사전』, 이회문화사, 2010.
小島憲之 校註, 『懷風藻』 岩波書店, 1971.
大友皇子 外, 고용한 역, 『懷風藻』, 지식을만드는지식, 2010.
江口孝夫 譯註, 『懷風藻』, 講談社学術文庫, 2000.
李成市 저, 김창석 역, 『동아시아 왕권과 교역』 청년사, 1999.
오야마 세이이치 지음, 연민수·서각수 옮김, 『일본서기와 '천황제'의 창출-후지와
　　　라노 후히토의 구상-』 동북아재단, 2009.
アサヒグラフ編, 『古代史発掘 新遺跡カタログ88~90』(VOL.3) 朝日新聞社, 1991.
이연숙, 「한일 고대 한시의 성격 비교 연구」, 『比較文學』 43, 한국비교문학회,
　　　2007.
이주희, 「新羅 金順貞家의 對日交易과 藤原氏」, 『新羅文化』 47, 2016.
장원철, 「『懷風藻』에 실린 한족도래인의 한시에 대하여」, 『어문논집』 30, 고려
　　　대, 1991.
崔英成, 「『懷風藻』와 羅日間의 文學的 交驩」, 『新羅史學報』 25, 2012.
齋藤麻子, 「일본고대 문학속의 신라인-8세기 자료를 중심으로-」, 『洌上古典研究』
　　　26, 2007.
古畑徹, 「大門芸の亡命年時について-唐渤紛争に至る渤海の情勢-」, 『集刊東洋
　　　学』 51, 東北大学 中国文史哲研究会, 1984.
芹川哲世, 「신라발해 사신과 奈良 平安시대 문인 귀족의 한시 교류」, 『Journal
　　　of Korean Culture』 11, 한국어문학국제학술포럼, 2008.
森田悌, 「Ⅰ章.長屋王と木簡(謂ゆる「長屋王家木簡」の世界)/天平元年月紀の
　　　長屋王宅」 『王朝政治と在地社会』 吉川弘文館, 2005.

◀ 이 주희
● 약력
　성신여자대학교 한문학과 박사
　한성대학교 강사
　성신여자대학교 강사
　중원대학교 강사 및 초빙교원
　현) 중원대학교 교수

수로부인과 김순정가

2019년 9월 30일 초판 1쇄 발행

저　자 ‖ 이주희
펴낸이 ‖ 엄승진
책임편집 · 디자인 ‖ 지성인
펴낸곳 ‖ 도서출판 지성인
주　소 ‖ 서울 영등포구 여의도동 11-11 한서빌딩 1209호
메　일 ‖ Jsin0227@naver.com
연락주실 곳 ‖ T. 02-761-5915　F. 02-6747-1612
ISBN 979-11-89766-10-8 93910

정가 20,000원

잘못 만들어진 책은 본사나 구입하신 곳에서 교환하여 드립니다.
이 책은 저작권법에 의해 보호를 받는 도서이오니 일부 또는 전부의 무단 복제를 금합니다.

「이 도서의 국립중앙도서관 출판예정도서목록(CIP)은 서지정보유통지원시스템 홈페이지(http://seoji.nl.go.kr)
와 국가자료공동목록시스템(http://www.nl.go.kr/kolisnet)에서 이용하실 수 있습니다.
(CIP제어번호: CIP2019035339)」